新装

組織の戦略分析

L'Analyse Sociologique des Organisations

不確実性とゲームの社会学

エアハルト・フリードベルグ［著］
船橋晴俊、クロード・レヴィ゠アルヴァレス［訳］

新泉社

L'Analyse Sociologique des Organisations
dans la Série "Les dossiers pédagogiques du formateur"
by Erhard FRIEDBERG

以下に提示される諸々の分析は、ミシェル・クロジエと彼が指導している組織社会学研究所の所員によって行われた・研究、思索、教育の仕事が生み出した成果である。すべての所員が、本書の執筆にあたり、彼らの経験、助言、批評によって、私を助けてくれた。とりわけ、本書の原稿を改善するために時間をさいてくれたジャン＝ピエール・ワームに、深い感謝をここで捧げたい。

E・F

凡　例

・原著のゴシック体は、日本語訳でも、ゴシック体とした。
・原著の" "は、日本語訳では、『 』とした。
・原著のイタリック体は、日本語訳では、〈 〉でくくった。
・原著の≪ ≫は、日本語訳でも≪ ≫とした。
・原著の（ ）は、日本語訳でも（ ）とした。
・原著の―― ――を使っての語句挿入は、日本語訳でも原則として、―― ――を使って挿入した。
・〔 〕内の語句は、文意を明確にするために、訳者が独自に付加したもの、あるいは訳注である。
・「 」は鍵概念を明示するために訳者が付加したものである。
・フランス語独特の関係代名詞による複雑な修飾関係を日本文においても明確に把握できるように、次のような場合に「・」を使用した。

〔一〕 二つ以上の形容詞（句、節）が一つの名詞を修飾している際に、並列的な修飾関係を表すのに使用した。

例、状況を構造化している・彼にとっては未知の諸次元

〔二〕 一つの形容詞（句、節）が二つ以上の名詞を修飾している際に、並列的な修飾関係を表すのに使用した。

例、集団が直面させられる・諸問題と諸困難

日本語版と原著との異同

- 日本語版には原著にない「日本語版への序文」が新たに追加された。
- 原著にある「出版社の序文」（原著七〜九ページ）は、原著者の了解のもとに日本語版では削除された。
- 原著四二ページ一八行目から、四三ページ二行目までの一九行は削除され、そこに新たに五ページ分が追加された。第二章Bの「3　組織における不確実性の主要な四類型」は、このようにしてここに追加されたものの大部分に相当する。
第二章Cの中の、原著五二ページ一〇行目のあとに、新たに一ページ半が追加された。また原著五二ページ一九行目から五三ページ九行目までの二五行は削除された。
- 「付録2」と「付録3」が追加された。
- 原著五九ページ九—一一行目の表現の簡略化と字句修正が原著者によって行われた。
- 原著九六ページ一五行目の premier は文脈からいって troisième となるべきであるので、原著者に確認の上、troisième に訂正された。

以上の訂正はすべて原著者の判断によるものである。

- 原著四三ページ一四行目の注記号＊には、番号が付されていないが、訳書では、便宜的に(14—2)という番号を与えた。
- 原著九七ページの注（67）内の「p. 61」は、内容から判断して「p. 64」の誤植と解する。同様に、原著一〇八ページの「付録1」の注（5）内の「p. 40」は、「p. 43」の誤植と解する。
- 原著一一三—一一五ページの参考文献リストはすでに古くなっているので、原著者によって一九八九年九月に提供された新しいリストに入れ換えた。

組織の戦略分析　目　次

日本語版への序文 8
序　論 26
第一章　組織分析の歴史的発展 …… 37
A　科学的管理法の運動 38
B　人間関係論の運動 43
C　戦略分析 54
第二章　組織の社会学的分析の基礎概念 …… 61
A　組織の中の個人の行動──戦略という概念 62
1　個人の諸特徴 63
2　組織における諸制約 64
会計事務所の事例 68
B　勢力関係──「不確実性の領域」の概念 71
1　勢力 72

2 勢力と組織 75
3 組織における不確実性の主要な四類型 77
独占事業体の事例 ―― 84
1 工場の組織 84
2 諸集団のあいだの関係 87
a 製造労働者と工場長の関係 87
b 製造労働者と保守労働者の関係 88
c 保守労働者と工場長の関係 90
3 工場内部の勢力構造 91
C 組織構造とゲームの規則――集合的行為からなる社会システムとしての組織―― 94
D 組織と環境――「外部との仲介者」の概念 ―― 100
1 組織が社会的機能を達成する際の環境との諸関係 101
県庁の事例 ―― 107
a 組織についての描写 108
b 環境との関係の特徴 109
c 環境との関係によってもたらされる諸変化 111
d 環境との諸関係が組織におよぼす影響 112

2　環境が組織に与える間接的な影響　118
E　組織の条件適応性――123
第三章　組織論的アプローチを使ってのいくつかの問題の検討……127
A　組織の潜在的機能――フランス式官僚制の問題――128
1　組織の諸類型の発展と維持　128
フランス式官僚制の事例――137
a　組織の諸特徴　137
b　この型〔の組織〕によって生み出される悪循環　140
c　この型〔の組織〕の潜在的諸機能　143
B　組織における意志決定――146
C　参　加――152
1　参加の諸形態とその諸結果　155
a　同化による参加　155
b　批判的参加　160
2　批判的参加の諸条件　163
D　組織の中における変革の問題――170

結　論……177
付録1　組織調査の展開と方法――181
1　社会学者の位置と彼の諸方法　182
2　調査の展開　186
3　解釈の方法　193
4　手段としての研究　199
付録2　面接調査の手引きの例――202
付録3　仕事の行われている状況をどのように研究するか――208
原　注――212
訳者あとがき――224
参考文献リスト――245
索　引――i

装幀　勝木雄二

日本語版への序文

以下に読者が読まれる著作は一九七一年に執筆されたものである。本書は、組織社会学研究所において〔研究者たちが〕集合的に行った実験に、私が身を投じたことによる成果である。組織社会学研究所〔の前身〕は、一九六二年にミシェル・クロジエによって創設され、私は一九六七年以来ここに所属している。ミシェル・クロジエは、彼の著書『官僚制の現象』〔Michel CROZIER, Le Phénomène Bureaucratique, 1962, Seuil〕において、新しい学派を創始するような性格を持つ諸分析を提出した。我々は組織社会学研究所において、彼の分析から出発して、彼の指導の下に、研究、理論的反省、教育の仕事を行い、それらを通して、少しずつ〔組織現象を把握する一つの〕思考法と研究法を明らかにし、発展させ、豊富化してきた。本書は、この思考法と研究方法が持つ・理論的基礎と実際上の含意とを、一貫性を持った・体系的な・また広範な読者が理解できるようなしかたで提示しようとする、初めての試みである。

本書執筆後、一五年以上が経過した。私は、ミシェル・クロジエと協力しながら、この最初の著作において始められた思索を、一九七七年に公刊された学問的試論、『行為者とシステム』

〔Michel CROZIER, Erhard FRIEDBERG, L'Acteur et le Système, 1977, Seuil〕において継続し、深めた。『行為者とシステム』は、最初は組織の作動を理解するために作られた思考法と分析方法を、人間が作るあらゆるシステムへと拡大しながら、集合的行為に課される諸制約を解明しようとしている。他方で私は、組織やきわめて多様な、そしてしだいに複雑なシステムについての多数の経験的研究を行うことができた。最後に、私は教育上の活動を継続し、また、研究＝〔変革〕行為の経験を積み、その中でこの方法を〔変革〕行為へと転用する可能性を試そうとした。

要するに、私は、研究においても教育・研修活動においても、絶えずこの分析方法と向き合っていた。私は、その過程で、本書を書いた時点よりもっと豊かで多様な・理論的な・また実践的な経験を蓄積してきた。もし、今日、本書を書き直さねばならないとしたら、まったく同じようなしかたでは書かないであろう。とりわけ、再読してみて合理主義の立場にややかたよりすぎているると見える箇所を、修正し相対化するであろう。けれどもいろいろ考えた末、本書の論理と全体の調和をもとのままに保ったほうがよいように思われた。私はただ二箇所に文章を付け加えることにした。一箇所は、勢力の分析に充てられた第二章のBの中であり、もう一箇所は組織の中の『ゲームの規則』について書かれた第二章のCの中である。そして私は、二つの実用的な付録を付け加えた。最後に、私は、本書が公刊されてから私が積んだ経験の中から、この序文においてて、いくつかの教訓を引き出したいと望んだ。私はそれらを二つの論点を中心にしてまとめてみた。この二つの論点は、このような型の分析を提出しようとすると、もっとも頻繁に出会う誤解に対応している。

1　マキァヴェリ的な偏向

第一の誤解は、権力〔勢力《プーヴォワール》〕の概念に結びついた悪い意味内容とともに生じる。組織の中の権力について語ることは、なにか品のないことである。権威が価値あるものとされるほど、権力は隠され、抑圧されたものとなる。なぜなら、それは裏取り引きの世界や妥協の世界や力関係の際限のない利用の世界と同一化するからである。次に、戦略分析は協働関係を勢力関係として取り扱い、究極的にはそれを通して各参加者の行動が安定化させられるとするから、勢力《プーヴォワール》の概念は戦略分析において中心的な位置を占めているが、このことが認知されると、その時、浮かび上がってくるのは、自分の勢力の追求、さらにはその最大化を唯一の動機とするような・完全に冷笑的で非道徳的な小マキァヴェリたちで満ちた組織というイメージである。

たとえあらゆる組織において、そのような人物が見いだされるとはいえ、組織活動は、そのような極端な、完全に戯画的なイメージには決して一致しない。組織とは、最強者のおきてのみが通用するジャングルではない。しかし、だからといって、このことは、組織の中に勢力は存在しないとか、勢力は経験的分析の対象にならない、などということを意味しない。戦略分析の思考法の観点から見れば、そのような分析はたんに可能であるのみならず、不可欠なものである。だがそのような分析は、勢力を不平等な交換過程と対立をはらんだ協力過程の文脈に置きなおすことによって、勢力〔権力〕についての純粋に否定的な見かたを離れることを、要請する。このような過程は組織活動の横糸を形づくっており、勢力はいわばそのような過程の代償を構成している。

このことを説明しよう。あらゆる組織はその成員たちを、不平等な相互依存の状況に置く。組織は、いわば反自然的な一つの同盟——そこでは各参加者がたんに自分の課題を首尾よく果たすために、他者との協力を必要としている——に相当するものである。ところで、各参加者がまた一定の自由な選択範囲を、すなわち最小限の自律性を保持している限りにおいて、この協力過程には自動的なものはなにもない。実際、協力は各人の善意に依存している。そしてこの善意は自明のことではなく、取り引きや、(顕在的なしかたであれ、多くの場合に見られるように潜在的なしかたであれ)交渉にもとづく交換によって、そして代償を操作することによって得られるのである。その理由は、誰かが意識して他の者たちにとっての困難を望んだり、なんとしても自分の勢力を他者におよぼそうと努めることが、必ずあるいはたいてい行われるからだというわけではない。そうではなくて、もっと簡単に、ある者にとっての諸制約が他の者にとっての諸制約とは異なるからであり、それゆえにある者の行為における至上命令と合理性とが、他の主体の行為におけるそれらと、決して全面的には一致しないからである。要するに、ある者が彼の状況の課す諸制約に規定されて採用する自発的な行動は、他の者が必要とする行動につねに一致するわけではないのみならず、それとは反対のものでさえありうる。かくして、ある者にとっての問題は、自分の諸資源を動員して、自分の必要により近い形での行動を他者から得ることであろう。逆に他者の立場から見ても同様であろう。言い換えれば、彼らがみずからの課題を首尾よく遂行したいのならば、彼らはどちらも、望むと望まないとにかかわらず、相互に彼らの行動に影響を与え合うようになるであろう。つまり、お互いに勢力をおよぼし合うようになるであろう。

単純で具体的な一例を取り上げてみよう。企業における販売担当者と製造担当者とのあいだの・古典的でよく知られている対立の起源は、一方あるいは他方の悪意や勢力欲にあるのではない。この対立は、もっと平凡に、製造担当者を解決不能な問題に直面させるかもしれないような・価格と納期についての諸条件を、販売担当者がうまく売るために、受け入れる傾向を持つことに由来するのである。そして逆に、製造担当者は、生産の流れをもっともうまく組織しようという配慮から、販売担当者の仕事を不可能にするかもしれない。自分の課題をうまく管理するためには、製造責任者は、顧客に対する販売担当者の行動に、影響を与えようとすることを放棄できない。そして逆に、販売責任者は、彼にとっての諸制約が製造過程において考慮されるようにするために、しばしば製造過程に圧力をおよぼそうとせざるをえないであろう。要するに、製造担当者と販売担当者はお互いに依存しており、お互いに相手の行動に影響をおよぼす手段を見いださねばならない。彼らの協働関係はまた勢力関係となるであろう。この関係を通して、彼らは彼らの行動を相互に適合させるべく『めいめいの善意』を交換し、取り引きするのである。

この視角のもとに見れば、勢力は具体的なものとなる。人間集団は、相対的に自律的で、それぞれに行為の合理性を示している行為者たち――彼らの行為の合理性は制約されたものであり、そしてまさにこの理由により、まちまちでさらには矛盾していることさえありえる――の共存という特徴を持っているが、このような人間集団を維持し、さらには成功させるためには、行動の交換が不可欠である。勢力とは、そのような行動の交換を媒介し規制する、日常的で避けることのできないメカニズムである。

それゆえ、勢力を協働関係の省くことのできない不可避の一次元と判断して、組織分析の中心にそれを据えるからといって、このことは、勢力欲に基礎をおいた新しい動機理論を樹立することを決して意味するものではない。テイラー主義の運動において、経済的利得を最大化するとみなされていた、なつかしいホモ・エコノミクスのように、自分の勢力の最大化をねらうようなホモ・ポリティクスの姿が、下にひそんでいるわけではない。絶対的合理性は不可能であるから、状況の中の人間は、この次元においても他のいかなる次元においても、最大化を実現することはできない。大切なのは、より平凡に、次のような基本的な事実から分析を出発させることである。各関与者は、各自の課題が彼に提起する諸問題を解決しようとする中で、彼が管理しなければならない・依存関係の網の目、あるいはより正確には、相互依存関係の網の目の中に、自分が置かれていることを見いだす。すなわち、これらの関係とのかかわりにおいて、彼は自分の行動を調整しないわけにはいかない。そして、彼の行動を理解するために、注目する必要があるのは、まさにこの事実なのである。

ある組織の活動と成功を条件づけている協働関係の構造は、人々の間での親和性にだけ対応しているわけでもないし、課題が持つ技術的必要性にだけ対応するものでもない。それはまた、もう一つの現実、取り引きと交渉の過程——これを通して、参加者のあいだでの行動のやりとりが管理され、規制される——が示す固有の必然性と困難性という現実に、つながっている。

公式の〔組織構造〕は、このような現実の一部分であることを、最後に強調しておきたい。公式の構造は、このような現実を構造化するが、その代わりに現実によって自分も構造化される。だが、現実は公式の構造によって尽くされるものではない。なぜなら、この現実は、公式構造から乖離したところにではないとしても、まさに公式構造の陰において、公式構造のすきまにおいて、そして公式構造があいまいな領域において、発展するからである。たしかに部分的にはそれを明るみに出すこともできよう——定期的にそうすることが必要であるとさえ言えよう——ただしそれは、参加者の持つ・人間関係にかかわる諸能力を発展させ、その能力によって、参加者たちが〔非公式な現実の〕顕在化によって生ずる、より開かれ、よりあからさまな交渉に直面しそれを担うことが可能になる、という条件のもとにおいてである。しかし、どのような参加者も他の主体に対して完全に透明なたんなる道具になることを受け入れないという事態がある限り、〔非公式な現実を〕顕在化するという試みが完全に成功することは、決してないであろう。あまりに野心的な電算機の体系を導入しようとしても、それが頻繁に的はずれや失敗に終わることは、このことをよく証明している。組織活動とその管理は、完全な透明性に耐えることができない。それはまた陰の部分をも必要とする。

それゆえ、このような分析から容易に引き出されうる次のような結論を少々修正しなければならない。その結論とは、すべての参加者が彼らの資源を十分に動員するように彼らを励まし、そうすることによって組織の作動を修正しより豊かなものにするためには、交渉の場を明確にし、いずれにせよ生じる交渉と取り引きが、あからさまに白日のもとに行われることを可能にすれば十分であろう、というものである。参加と組織変革を扱った章において、私自身がそのような方向で議論を展開した。現在私が持っている経験に照らして、私は私の言葉を少々修正したい誘惑にかられる。その理由は、公開性をもっと高め、陰にかくれない交渉をもっと増やし、さまざまな利害の多様性と正当性をもっと承認するという方向に進むことが望ましくない、と私が考えるからではない。このことはたんに望ましいのみならず、また可能でもある。諸組織の歴史、とりわけ雇主と従業員との関係の歴史は、このことの最良の例証である。そして、戦略分析が扱う行為の論理が伸びて行くのもまさにこの方向である。戦略分析は現実主義と聡明さに賭ける立場に立っている。

ただ、そのような過程の諸困難を過小評価してはならない。なぜなら、それが実現されるためには、その過程に必要な形式的な諸条件を結び合わせるだけでは十分でないからである。さらに、利害関係者が、彼らの相互依存性を承認することを受け入れ、この過程が引き起こす、より開かれた、より紛争に満ちたゲームを演じることを学ばねばならない。保護なしには、そして保障なしには、人は交渉を行わないものである。また人は、陰に隠れた取り引きから公開された交渉にすぐ移行するものではない。明瞭性と公開性は命令されうるものでもないし、すぐ実行されうるものでもない。それらは学習されるべきものであり、築き上げられるべきものである。

2 合理主義的な偏向

今度は、第二番目の誤解について論じてみたい。これは、戦略という概念の理解不足から生じ、超合理主義的な偏向と呼ばれうるものを作り出す。

戦略分析は一つの自明の事実と一つの仮説から出発する。自明の事実とは、組織にかかわるあらゆる状況には「自由な選択範囲」が存在すること、そしてそれにともなって、人間の行動を、状況の中の人間に影響を与える決定要因の総和によって説明することは不可能だ、ということである。このような自由は、他のすべての自由と同様に、しばしば厳しくもある諸制約によって限定されているとしても、あらゆる状況の中に、選択しうる諸要素を残すのである。そして諸個人の行動は、ある状況の与える諸機会と諸制約についての彼らの認知をもとに、彼らが行った選択の表現なのである。仮説が介入してくるのはここにおいてである。実際、戦略分析は次のような索出的な仮説を形成し、発見が得られるようにという配慮のもとにこれを駆使するのである。すなわち、諸選択は——そして選択を表現している諸行動は——合理的な選択である、あるいはもっと鋭い言いかたをするならば、諸個人の**合理的な諸戦略**に対応している。

この仮説によって、なにを理解すべきであろうか。なにを発見することが問題なのであろうか。これをよく理解するためには、H・サイモンが意志決定についての実証的研究から発展させた**制約された合理性**の概念に立ち帰る必要がある。本質的な点をまとめるならば、この概念はただ、意志決定すべき状況に置かれた人間というものは最適化を実現することはできない、ということを意味している。言い換えれば、解決すべき問題に直面した人間というものは、自分の選好順序にもとづいて最適のものを選ぼうとしても、認知的能力の制約という理由により、また必要なすべての情報に近づくことを彼に禁じている構造的制約という理由により、**一挙に**、つまり同時に、解決策として可能なものすべてとそれによって生じうる諸結果すべてを比較することはできない。彼はもっと簡単に、解決策として可能なものを一つずつ、彼が考える最低限の基準——ある解決策が採用されるためにはこの基準を満たさなければならない——と比較するという**継起的な**やりかたをするのである。そして一般に、彼は、満足な解決策が最初に現われた時点で選択を停止するであろう。この解決策は、絶対的な基準で見れば最善のものではないし、彼の満足基準を前提にした場合でも最善のものではあるまい。実際、解決策の吟味を続けても、もっと大きい満足を与えるようなほかの解決策が現われることはないなどとは、言えないのである。選択された解決策は、満足をもたらすさまざまな解決策のうちの一つにすぎない。しかし、人間にとって唯一接近可能なのは制約された合理性であるという条件のもとでは、それが合理的選択の過程の所産であることに変わりはない。そしてその決定は、当該の個人の満足基準を、すなわち究極的には彼の合理性の基準を、間接的に表示していると考えられうるのである。

このような見解とその下に横たわる思考法は、容易に組織分析の枠組みに移し換えることができる。ある個人が仕事上の役割につくと、彼は同僚、上司、部下に対してどのような行動をとるべきかを、決定しなければならない。そして彼は、決定するであろう。つまり彼は、状況について分析した上で自分の行動を選ぶであろう。その分析に際しては、彼の交渉手段、彼にとっての諸制約、仕事の中で彼が解決しなければならない具体的な諸問題、この問題より生じる・他の行為者たちとの相互依存といったことが、吟味されるであろう。このような分析が、どれだけ深いものか、どの程度明示的なものか、あるいはどの程度直感的なものかは、事例に応じてさまざまであろう。〔以上のような〕分析の末に到達した行動は、たとえ『自明』と見えるほどまでに定型化されていたとしても、諸個人が合理的に考慮をめぐらした上での選択の所産として**分析**されうる。つまり結局、彼らが認知するものとしての彼らの状況の中で、彼らに道理にかなっていると見えるものの反映として、要するに、**彼らの制約された、条件適応的な合理性**の反映として分析されうるのである。

ご覧のように、このようにしてなされた見かたの転換は非常に大きい。観察可能な行動をア・プリオリに与えられた合理性の尺度によって、判断し評価する代わりに、行動を包摂し行動に意味と合理性を付与しているような文脈を、そのつど再構成することが大切なのである。なぜなら、この思考法が立ち帰っていく中心的問いは、一定の行動の合理性の程度についての問いではなく、適用されざるをえなかった・合理性の諸基準が、どのような起源を持ち、どのような諸条件のもとに維持されるのかという問いなのである。

サイモンの「制約された合理性」という考え方が、一つの社会学的分析を呼び起こすのは、まさにここにおいてなのである。なぜなら、満足基準は、つまりサイモンが論じている合理性の基準は、偶然に依拠するものでもないし、たんにある個人に固有の特性に対応するものでもない。それは恣意的な決定の結果でもなく、まさに社会的学習の所産なのである。したがって、それは二つの系列の諸要因につながっている。一つはその行動を理解することが問題になっている当の人物の過去であり、もう一つの現在、つまりこの人物を包摂している・行為を取り囲む直接の状況が、どのような諸特性を持っているかという点である。

満足基準がつながっているのは、一方では、ある個人の個人史である。つまり、自分の家族や学校や職業生活を通して体験した学習過程であり、またこれらの場で彼が獲得した・認知的能力と人間関係にかかわる能力である。これらの能力は、現実について彼の抱く認識を条件づけているし、それゆえまた彼の行動を適応させる能力をも条件づけている。

個人の過去に由来するこれらの諸要因に、現在の状況の課す諸制約が加わる。これらの諸制約は、個人が構造化されたゲームに参加することから、また状況の基礎にある・相互依存の構造から生じるのである。言い換えれば、所与の状況の中で『勝つ』ためには一定の行動を採用する必要があるが、この必要が今度は満足基準を作り出すのである。つまり、この必要は、ある個人の過去が彼に『残している』選択の自由の内部において、彼がどのような行為をとることが合理的であるのかに影響を与えるのである。

このような視座のもとで見れば、ある組織の成員たちのあらゆる行動は、意志決定の所産であり、この決定は彼らの満足基準に、すなわち合理性の基準に対応するのである。次に、この満足基準は、さまざまな成員の過去の社会化の過程に規定されており、また成員相互間の交流と依存関係を構造化している・現在の「ゲームの規則」に規定されている。それゆえ彼らの行動は、諸制約と諸機会――ただし、みずからの社会化を通して、認知し利用することが彼らにとって可能となっているかぎりでの諸制約と諸機会――に対する、つねに道理にかなった、条件適応的な応答と見なされうる。

このような視座は、組織の分析に対して、またより一般的には人間の行為の分析に対して、二つの平面で重要な含意を持つものである。この視座をまず、一九五〇年代にフェスティンガーによって発展させられ、近年とりわけエルスターの分析によって再び取り上げられている「認知的不協和の理論」の基礎の上に置いてみよう。そうすれば、この視座は、状況から独立した平面で、パーソナリティから、そして／あるいは、問題となる個人の過去から、行動を説明しようとするしかたを相対化する。人間は彼らの社会化のおもちゃではない。彼らの行動はまた、所与の状況の中で認知される諸制約と諸機会を便宜主義的に利用しているものとして、理解されるべきである。このような利用の繰り返しが、今度はパーソナリティを形成しうるのであり、またついにはある個人の目的群や価値群を再定義することもありえる。ことわざに言うように、「(失敗した)教育と不幸な過去が泥棒を作るのと同様に、まさに機会が泥棒を作る」のである。それゆえ、「ある個人の目的群や価値群はつねに行動に先立つ」と考える理由は存在しない。目的や価値はまた同様に行動の所産でありうる。つまり行動の後に続くもの、あらゆる種類の理由によって採用することになった行動を、正当化するために作り出した合理化でしかないものでありうる。ある個人の価値体系と実践は相互に構造化し合う。彼が自分の行動を記述する際に表明する感情と態度は、彼の過去を反映するのみならず、彼の現在を、さらには彼の未来を反映する。なぜなら、感情や態度は、また、自分を包摂している依存関係を彼がどう認知しているかという点にも、彼が予想している成功の機会にも、これらすべての要素を考慮に入れた上でどのような『ゲームのしかた』を彼が選んでいるかということにも、対応しているからである。

このような視座が、二番目の、純粋に方法論的な平面において、少なからず重要な含意を持つことの理由は、まさにここにある。もし現在が、今示したように重要であるならば、パーソナリティにかかわる諸変数(これは結局、過去を反映する変数である)をかっこの中に置いておくことが可能となる。そして諸個人が自分の実践を記述する中で表明している・感情、意見、態度を、彼らが認知しているのみならず、また自分の行動の中に統合している依存関係の直接的表現として用いることができる。

合理性についてのこのような仮説——あるいはこのような方法論的合理主義といってもよいが

――が持つ主要な利点は、究極的にはここに存在している。このような合理主義の立場に立つ観察者は、意図や動機や個人史や個人のパーソナリティ特性を使った、自然発生的な、そして検証がむずかしい説明図式を越えて進まざるをえない。そして彼は、観察された行動を、兆候として、すなわち発見され理解されるべき（行為者、問題、関係、依存というような）ある状況を指し示すものとして、取り扱いながら、それを重視しなければならない。このような合理主義は、個人の諸特性をかっこの中に入れてしまう（そしてこれらの特性の中にすぐ彼らの行動の説明を探そうとすることを放棄する）という立場をとる。そのようにして、分析を非人格化し、行為を取り巻く直接の状況に注意を向け、あたかも諸個人が、この状況の特性だけに規定されて彼らの行動を合理的に計算していたかのように取り扱うのである。ただし、このような方法は、ある個人の人格的諸特性、彼の受けた教育や社会化、先行体験、要するに彼の持つ『文化』が、彼の行動にいかなる影響も与えないということを、けっして仮定するものではない。ここでの我々の出発点が、「各人に自分の行動を決定する（もちろんつねに限定された範囲内での）可能性を与えるような・自由な選択範囲が存在する」という経験に裏付けられた認識であるだけに、そのような主張はなおさらばかげたものであろう。この方法がしようとしているのは、たんに、行為を取り巻く直接の状況の中の諸制約にむけて視線を解き放つことである。これらの諸制約もまた決定を条件づけているのであるけれども、逆説的なことに、これらは、パーソナリティーを用いた説明様式というフィルターあるいは『雑音』が除去されてしまわない限り、発見されえないのである。

それゆえ、諸個人の行動を合理的な戦略の表現であると考えたからといって、それは、一瞬ごとに自分の利害を、したがって自分の行動を決定するために、まったく意識的に費用と利得を計算しているというような、完全に聡明な個人の存在を、公準として設定することには決してならない。行動についてのそのような考え方は、たんに、二つの単純な発想を定式化することと、それを用いてあらゆる分析の基礎を作ることを意味している。第一の発想は、あらゆる行動は能動的であるというものである。受動性さえも一つの選択を、すなわち認知されている資源や機会を能動的に利用することはしないという選択を表している。第二の発想は、この行動はそのように行動することを選んだ者にとってはある意味を持っており、そしてこの意味が探求されるべき場所は、(彼の目的、意図、性格、個人史といった)その個人の内面ではなく、彼を包摂している状況なのである、というものである。そしてこの状況とは、まず、彼が自分の課題の達成の過程で、そしてその達成のために、形成せざるをえない協働関係の総体なのである。

それゆえ、このような視座のもとに見れば、ある個人やある集団の戦略について論じることは、決して明示的な意図や完全な自覚やさらには明確に認知され定式化された目的の存在を前提するものではない。この視座は、たんに一つの思考法を働かせることに対応しているのであり、その思考法の本質的価値は精神衛生によいという点にある。実際、この視座は、あらゆる意図や個人の心理的特性による説明を、(索出的働きをする仮説によって)遠ざけるから、この視座を採用すれば、観察者は観察している行動を重視するように、それゆえ、そのつど次のような問いを自問しながら、観察している行動に驚きを感じるように、強いられるのである。すなわち、私はある人物について、彼は分別と誠意を備え、善意にもとづいて行動しているという仮説を持っているのだが、いったいどうして、彼は現にしているような行動をとってしまうのだろう。彼がそのように行動したとしても、彼にとってはそれが道理にかなったことであり、そうするのに十分な理由があるからである。すなわち彼を取り巻く状況の中に、観察者である私は気づいていないが、彼自身は認知し行動に際して考慮している諸要因が存在しているにちがいない。そして、観察者が、状況を構造化している・彼にとっては未知の諸次元を発見する——この発見こそすべての作業の目的である——のは、これらの要因の探求に取り掛かることによって可能となる。この諸次元が、人々の形成する協働関係の土台になっている勢力構造を、彼に照らし出してくれるのであるが、彼がまさに解明しようとしているのはこの勢力構造なのである。

それゆえ、あらゆる誤解に対して用心する必要がある。以下の各章では、諸個人の（あるいは諸集団の）戦略、利害、目的といったものを問題にするが、これらは、つねに一つの分析の産物、観察者による（再）構成の所産なのである。どのような場合にも、人々の発言を客観的真実とみなすことはできないのであり、たとえば行為者によって言明された目的を、彼らの戦略を推論するために利用することはできないのである。そうしようとすると、まったくの同義反復におちいり、行為者の意図（これは想定されたものかもしれないし、実際のものかもしれないが）についての分析から抜け出ることができない。そして〔研究者は〕検証されないまま、また検証不能なまま、〔行為者の主観を〕ありとあらゆる形で投影するという立場を抜け出ることができなくなり、こういう投影が分析を脅かすのである。観察が第一にくるべきものであり、これが行動の規則性と安定した関係の様態を、表面に出させるのである。そして戦略の概念は、たんに、これらの規則性の持つ隠れた意味についての・仮説として出された推論を表しているにすぎないのであり、この推論はあらためて観察された他の事実と照らし合わす必要があり、以下同じような手続きが繰り返されるのである。

それゆえ、行為者の戦略を直接に知ることはできない。ただ〔以上のような手続きを〕何回も反復することを通して、行動の規則性を観察した後で、戦略を推論することができるだけである。この規則性が、分析が従うべき・現実についての唯一の原理を構成するのである。それゆえ解釈と分析の方法は帰納的であって演繹的ではない。分析は、関与者たちのあいだの諸関係についての観察から出発し、それらの関係のあいだに隠されている一貫性——探求手続きの継続的な反復によって分析を通して再発見が目指されるのはこの一貫性である——を探る。そのようにして、関与者たちとゲームの規則を結び合わせており、ゲームの規則の基礎ともなっている勢力構造を再構成するのである。

序論

社会的現実を知り理解する様式として、社会学は、他の専門諸科学よりずっと敏感に、ある所与の社会の技術的、経済的、社会的発展がおよぼす諸影響を反映する。たしかに、科学は、決して抽象的世界に存在するのではない。科学は、自分を包みこんでいる社会の発展状態に、つねに従属する。しかし、この結びつきは、社会学の領域において、必然的により強いものとなる。社会学が提起する諸問題は、しばしば、社会的発展によりさまざまな社会集団が直面させられる・諸問題と諸困難の表現なのである。

組織の社会学についても事情は異ならない。過去五十年にわたるその著しい発展に対応する事態が、社会的現実の中に見いだされるのである。すなわち近代社会において、組織にかかわる現象がますます重要になっているという事態である。

ますます洗練された・複雑な特質を身につけながら、近代世界において諸組織が成長してきたことは、くどくど述べる必要もないほど周知の事実である。このことは産業の領域において見てとれる。そこでは、大量生産の必要と技術とが、たえずより巨大になり、より複雑になりつつあらゆるものを統合するような機構を推し進め確立した。このことはまた、ますます増大する諸問題に責任をとるように要請されている行政機構の継続的な成長と拡大を観察することからも、認識できる。最後にこの事態は政治の領域にさえも出現している。そこでは、仲間のうちから一人の代表を選ぶために時々集まるにすぎないような名望家たちの委員会が、少しずつ、『マシーン』あるいは洗練された強力な組織構造を通して管理される大衆政党に、場所を譲っている。

このような一般的な現象は、近代社会の一つの基本的な——そして不可逆的に見える——特徴の表現に他ならない。それは、社会的なもの、『集合的なもの』へと帰属する部分が増大しつつあるという事態である。ますます、諸々の問題と活動が私的領域から離れ、『社会化』されていく。すなわち専門化した諸制度の介在を通して、集合的な課題として取り組まれるのである。この点について、諸事例の中でも、教育の進化を思い起こそう。教育は純粋に家族がさらには個人が責任を負うものから、国家全体が責任を持つ職能へと変化した。

組織は成長するにつれて、またより複雑なものとなる。なぜなら、組織に対して寄せられる要求がさまざまな形態をとりますます多様なものになるにつれて、それらに満足に応えるためには、組織はこれに対応した進化を遂げるほかはないからである。教育の例をあらためて取り上げてみよう。周囲の状況がなんであれ、同一の教科内容に立脚して教育が行われるというのでは、もはや十分ではない。成果をあげ目的を達成しようとするのであれば、教育を受けるさまざまな人々——若者や成人、労働者や市民、ブルターニュ州の人々やパリの人々等——の持つ特殊な諸要求を充足するために、教育はますます多様に分化しなければならない。

いやおうなしに、我々は誰でも、我々の日常生活のますます多くの諸局面を包摂しつつある組織の構成員となっている。また、我々がなにかを企てるとすぐに、自分たちを組織化することが必要になるであろう。組織は集合的行為をする際に不可欠の手段となった。

このように組織にかかわる事象が普遍的に存在することは、それ自体、諸組織を分析し、ある社会の作動にそれらが与える衝撃を理解するべき根拠として十分なものである。さらに**我々すべてが知っているように、組織は中立的ではないだけに、**一層このことが言える。組織はその構造によって、それが設定する役割によって、各人の行為の自由を制限する。所与のある組織において、すべてが可能であるわけではない。組織はあたかも、一定のイニシアチブや一定の行為のみを通過させ、他を通過させないフィルターのように作用する。

社会の中の諸個人の行動を分析する時、（個人の人柄や性格等についての）心理学的概念を使ったり、（社会的出身、社会構造等についての）階級による条件づけにかかわる概念を使って、考察するのがつねである。**しかし、一つの中間的水準において、まったく同様に重要な人間行動の決定要因として、組織を位置づけることが可能である。**

組織は諸個人を二重に制限し制約を与える。一方で組織は、できるかぎり詳細なしかたで、各成員の作業課題や状況や諸権利を、それゆえ彼が担うべき役割を定義しようとする。それゆえ個人はイニシアチブと行為の可能性を制限された形でしか保持できない。その可能性を有意味な形で拡大することは、彼にとってしばしば困難であろう。他方で、組織は（固有の調整や規制作用を備えた）一つの社会システムを構成する以上、いわば固有の論理を持っている。この論理は、組織成員のあいだの諸関係や彼らの決定や行為を方向づけるものとして、（作業員から指導者にいたる）組織成員に課されるのである。

観察者をまず驚かすのは、組織の持つこのような強制的な性質である。一定の作家や思想家たちは、私的および公的な巨大組織がますます大きな力を振るうようになったことにあまりにも強い印象を受けた。彼らは、それゆえ、進歩の名における不可避の運動としての組織の発展を目にしていたが、順応主義、増大する画一化、匿名性、定型的仕事等の・組織のもたらす諸帰結に、なおさら恐れを抱いたように見える。このようにして、極端に悲観主義的な一つの思想潮流が発展し、『組織人』、『灰色の制服人間』、『大衆社会』といったことが語られた。各人の国政への民主的参加が、巨大組織の頂点に立つ『経営者』や『テクノクラート』たちによって、ほとんど取って代わられるかもしれないというような暗い未来像が描かれるのが見られた。巨大組織は、社会を官僚制の鋳型の中に押し込め画一化しながら、規則の支配する非人格的で匿名の世界の中で、個人とその自由意志を押しつぶすだろう。

今日の我々の視点から距離をおいて見れば、そのような見かたは少々誇張されていたと言えるように思われる。諸組織の著しい成長にもかかわらず、それらはかつて懸念されたような全能で破壊的な人喰い鬼になったようには見えない。

こうなったのは、人間の行動を決定する組織の力が過大評価されたからであるように思われる。ところで、人間の行動は組織の課す諸制約によって完全に決定されることは決してない。なぜなら一人の個人は、一つの組織に完全に所属することは決してないからである。社会生活において、個人は〔諸組織に対する〕多元的な関与、所属、忠誠を持つ。彼はいわば複数の場面を持つのであり、それぞれにおいて彼はゲームを行う。彼は状況に応じて、また所与の時点でなにが望ましく可能であるかを考えて、それらの場面間に彼の持つ諸資源を配分し投入する。一定の領域――それを明確化する必要があるが――の内部において、個人は組織を相手にしてゲームを展開することができるし、また実際にゲームをしているのである。そして、ある組織の構造と全体の作動を、言い換えれば、成員のそれぞれが担うことのできるさまざまな役割を条件づけているのは、このゲームのまわりに確立される諸均衡にほかならない。

しかしながら、**組織は一つの制約〔contrainte〕を構成する**、という事態は残っている。組織内部における諸個人の行動は、彼らの個人的性格や社会的特性を取り出して説明するだけでは、理解されえない。それ以上のなにかが存在するのであり、それを――もっとよい用語がないので――組織的要因と呼ぶことにしよう。この要因の重要性は疑いの余地がない。この点については、ある組織の成員たちの実際の行動を変えようとする際に、一般に経験される諸困難を考えていただきたい。研修から帰ってきた人々が、古い行動様式にきわめて早くまたはまりこんでしまうのを何回見たことであろうか。それは研修が悪いのではない。この失敗の責任は、旧態依然の組織構造と、その作動を特徴づける『ゲームの規則』〔régles du jeu〕にある。なぜなら、これらが、諸個人に学んだものを実際に適用することを許さないからである。

もしこのような制約が実際にあるのであれば、その時には、それを認識しどのようにそれが作用しているのかを理解することが不可欠となる。このことは、理論的目的——すなわち近代社会において今や中心的な現象の・認識と分析を洗練すること——にとっても、実践的目的——理論的研究から得られた知見を、必要なあるいは望ましい諸変革を開始するために利用すること——にとっても必要である。

組織の分析を主題とする本書の目的も、まさにそこに存する。各章〔での議論〕を通して、我々は、組織分析が次第に発展してきたことを示し、分析の思考方法を基礎づけるような主要な概念用具を提示し、具体的な現実の問題に適用できるような、いくつかの知見を取り出す。しかし、そこに進む前に、『**組織現象**』という言葉で理解されていることをより明確にすることが不可欠である。

労働の世界における日常経験によって、我々は誰でも組織とはなにかを知っている。我々はすぐ、（富の生産、教育の実施、利潤の獲得といった）明瞭に設定された目的を達成するために構成された集団のことを考える。この集団は一連の強制力のある統制手段を手中にしており、それによって目的実現のためにあらゆる手段（もちろんそこには人間という手段も含まれる）を従属させることが、保障されうるのである。それは工場あるいは事務所の世界である。そこには作業課題の分割と専門化が存在し、各人の権限を明瞭に定めた指揮系統が備わり、さまざまな労働の地位のあいだに必要とされる情報伝達を可能にし、規制するような人間関係の体系が見いだされる。

この拘束的な、凝固した、『組織化された』世界に対して、一般にもう一つの世界が対置される。それは私生活の領域に見いだされる・個人が自由であるような世界である。二つの世界のあいだをつなげるような間隙はない。分離ははっきりしている。

ところで、組織は組織現象のもっとも高度な現われであることが真実だとしても、組織現象は、たんに組織内部にのみ存在するというわけではない。組織現象はずっと広範に広がっており、より一般的なものである。実際個人が、設定した目的を達成するために、自分自身の努力を一定の人数の他者の努力に結びつけるように強いられる瞬間から、組織現象が存在するといえよう。

我々が誰でも知っているような・ある目的を一緒に達成しようと決めた友人仲間の例を考えてみよう。最初は彼らが考えるべき問題はあまりない。彼らは相互によく知っている。良好な相互理解があり、彼らは、企図しようとしている行為の目標や最終目的について一定の方向づけと価値とを**暗黙のうちに共有している**。それゆえ、この集団の水準で必要な調整は、**顕在化される必要のない相互適応という形でなされうる。**各人はなすべきことを知っており、自分の役割と他者の役割とを認識し内面化している。そして行為においては、各人は他者たちの抱く役割期待に順応する。この水準においては、厳密な意味で論じられるべき『組織』は存在しない。むしろここで問題になっているのは、友情のきずなと共同の目的によって結ばれた『インフォーマル・グループ』である。

しかし、この水準においてすら、一つの組織の萌芽形態が存在している。実際、共同の目的を達成するために人々は仕事を分担しなければならない。各人が持つ知識や資源や特殊な手段はさまざまなので、まったく自然に、各人の貢献は分化していく。さらに、それぞれの役割のあいだに厳密な対等性は存在しないから、すぐに威信や重要性などについての一定の上下関係が作り出される。最後に、一人あるいは若干名の指導者が登場し、全員によってその権威が受け入れられ、彼（ら）が指示と調整の機能を暗黙のうちに引き受ける。この水準においてすら、それぞれの人物の行動はこの集団の存在と、そこで演じられるゲームの課す諸制約の存在によって影響される。

それゆえ組織のあらゆる特質がすでに存在する。しかし、それらは黙示的なものにとどまり、公式のものになっていない。なぜなら、彼らの合意ゆえに、各成員は共同目的を内面化しており、多かれ少なかれ自発的に自分の行動をそれに適応させているからである。事実上組織となっている集団は、その成員によっては、そういうものとして認知されていない。

けれどもそのような状況は一般には長続きしない。実際、行為の最終目標そのものについての基本的合意を破壊するような緊張や紛争が少しでも出現するならば、あるいは、より単純に、関与する人々の数が増大して合意を維持することがだんだん困難になったならば、当の集団は、もはや同一の暗黙の基盤の上で作動することはできなくなる。諸目的と、それを達成するための諸手段が、明示化される必要がある。集団は自問する。我々がすることはなにか。なぜそれをするのか。どのようにそれをするのか。明示化しようとする過程が行き着くのは、二つの出口であるだろう。一つは集団が解体することであり、それで終わりとなる。もう一つは、集団が集団として自分を維持するのであるが、その時は、今後起こりうるこの種の危機を解決するための諸手段を備えることになる。すなわち、集団は、このように構成された組織の目的を実現するために協力するすべての者を**合理的**、**意識的に調整**できるような構造を作り出すであろう。

その時、一つの組織を特徴づけるさまざまな特質が明示的な形で見いだされるようになる。すなわち、

——**作業課題と役割の分業**およびしばしば詳細にわたるその記述。

——一つあるいは複数の指揮系統を創出することによる**権威の分化**。これらの指揮系統によって、各成員の行動が組織目的に順応することが保障されるはずである。

——**コミュニケーションの体系**、それゆえ、さまざまな要素のあいだの関係と相互依存の体系。

——**組織の生み出す成果を**、また同様にそこで協働する諸個人を、評価し**統制する**客観的な諸基準の総体。

要するに、集団は危機を通過したのだが、その危機が**集団の作動を標準化することを狙った一つの合理化の過程**を始動させたのである。合理化の過程は、まず集団の成員たちの行動を、さら

に集団全体の将来を予見可能なようにすることによって、次いで、得られた諸成果を予定され期待された諸成果と比較しながら統制できるようにすることによって、開始されるのである。そして、この過程の究極の段階は、組織図と内部に適用される規則集の確立であり、これらが各人の作業課題とその実行のしかたを決めるのである。だが要するに、組織図や規則集は、仲間集団のうちに——たとえ黙示的にせよ——すでに存在していた諸特性を公式化し、強化するのにすぎないと、正当にも言うことができる。

それゆえ組織分析は、社会における各人の生活にとってきわめて中心的な現象にかかわるのである。実際、それは人間たちの集合行為の諸条件そのものを研究することを目指し、自分が関心を持つ一つの目的を達成するために、自分の努力を他者たちの努力に結びつけねばならない時に、我々の誰もが直面する諸制約を解明しようとする。それゆえ本書は、本書が詳細に記述している諸事実を越えて、**我々の誰をも取り巻いている社会的現実についての一つの新しい見かたを提出**しようとするものである。

第一章　組織分析の歴史的発展

組織分析は、組織化されている人間たちのまとまりを対象にして、それらのさまざまな作動のしかたを研究する。それゆえ組織分析の発展は、組織方法の進化と密接な関係を持っているが、特に労働の世界と深い関係がある。近代工業の世界と共に組織分析は発展したが、この近代工業は、流れ作業の出現や労働の科学的管理法のような生産活動の合理化を狙ったあらゆる運動によって特徴づけられる。現代の巨大組織を生み出すことによって、組織分析に最初の研究対象を提供したのは、この科学的管理法の潮流である。次いで、組織分析が発展したのは、だいたいはそれらの大組織の要求やそれらの作動から生み出された諸問題に対応することを通してである。

だから、組織分析の主要な道具や概念が次第に作り上げられたのは、最近の六十年間のあいだである。**この研究領域の歴史は、諸個人または諸集団の行動のさまざまな局面をよりよく理解し予測するために、組織の中における人間行動を説明する諸要因をますます詳細に分析しようとし**

た歴史である。

それゆえ、組織分析の歴史は、巨大な組織の作動をめぐって観察されえた諸現象を説明するため、次々に使われたさまざまな接近方法に関して豊富な教示に満ちている。このような理由により、本章は次の三つの主要な段階を区別しながら、そのような発展過程をたどろうとするのである。

A　科学的管理法〔l'organisation scientifique du travail (O. S. T.)〕の運動

B　人間関係論の運動〔le mouvement des relations humaines〕

C　戦略分析〔l'analyse stratégique〕

A　科学的管理法の運動

二人の人物が特にこの運動に影響の跡を残した。一人はフランス人のファヨルであり、他はアメリカ人のテイラーである(1)。後者がこの運動の基盤であった知的潮流に与えた影響は非常に大きい。この潮流は、彼の名前にちなんで**テイラリズム**と呼ばれるほどである。

テイラーの基本的な発想は、労働の組織化が科学の対象になりうるというものであった。科学という手段を無制限に使うことによって、状況や制約を考慮に入れながら最善の成果を達成することを可能にするようなやりかたで、一つの企業を合理的に組織化することができるとテイラーは考えていた。このようにして科学は、企業の目的を達成するために、またその目的に応じて、

（人間を含めて）あらゆる手段を最善に組織することを可能にするはずであった。

このやりかたの新しさや衝撃力を測るには、機械使用の初期の頃の企業の状況を思い出さねばならない。

そのころの状況はまだ伝統、体験主義、現場で身につけた仕事のコツの世界であった。空間上の制約や騒音の問題を別とすれば、詳細な指図によって機械を設置してある場所を管理することはなかった。(2) とりわけ機械そのものはまだ初歩的、未発達なものであっただけに、その機械の操作や保守を担当していた労働者の能力や熟練が大切なものとされた。労働や生産があまり規則で規制されたり標準化されていなかったこの状態の中では、先輩の労働者が現場で後輩に教える『仕事のコツ』が大変重要であった。

銑鉄の製造から始まって、自転車のベアリングの調整に至るさまざまな生産現場で行われた一連の調査の結果から、テイラーはいくつかの結論に到達した。

彼は、その時用いられていたきわめて経験主義的な仕事の方法が、莫大な浪費の原因であると考えた。動作とテンポ、さらに作業課題に影響を与える技術的な要因を細かく検討すれば、各々の作業課題に一番適した作業方法を定義できるはずである。

このような研究は作業員自身によってではなく、科学的な知識を持つ専門家によってなされるべきものであった。なぜならば、彼らのみがこの新しい作業方法を確立するのに必要な・教育や距離をとった見かたを保持していたからである。

このように、これら専門家たちは、上層の幹部の業務も含めて、組織で行われているすべての作業課題を遂行する、一番適当な方法を見つけるために、制約条件を考慮にいれながら、それらを分析すべきであった。

〈作業課題についてのこのような研究がなされれば、まずそれぞれの職位の正確な記述ができるはずであり、次いで一つの合理的な組織の中でそれらを互いに組み合せることが可能になるはずである。そして明確な指揮系統を確立し、さまざまな職位の相互依存関係を決定するようなコミュニケーション回路を設定するに至るはずであった。〉

それゆえ科学的管理法の思考法は、組織の合理的な分解と、その構成という二重の過程から成り立っている。この方法は企業の活動をさまざまな作業課題にまで分解し、それを科学的に分析した上で、企業の目的に合わせてそれらの作業課題を合理的に再構成する。科学的管理法の目的は、ある企業の目標の実現にあたって、その企業の持つあらゆる手段や資源を可能な限り最善に利用しうるような組織図を、このようにして作成するところにある。

このようにして得られた最適な解決策は、それ自体義務として課されるのである。作業課題の分析が上手になされ、またそれぞれの職務を担当する職員達の適性が適切に把握され、そして彼らの経済的な要求がよく満たされているのであれば、すべての者が自分にふさわしい位置に置かれているだけに満足しているはずである。諸個人の社会的役割は、各自が担当している職務と作業課題とに完全に一致しているので、紛争はもはや発生しなくなる。すべてがうまく組織化されているのだから、不服従の理由もなくなる。その上、強制的な権威関係がなくなっている。なぜなら、すべてが規則によって非人格的に規制されているからである。

かくして組織を経済的、技術的に研究することによって、組織の有効性を増やすばかりでなく、社会問題にも解決がもたらされるだろうと考えられた。サン＝シモンの定式化した表現を使えば、「物の管理が人間の支配にとって代わる」のである。

生産活動の合理化を狙ったこの運動が始動させた**進歩**について、くどくどと述べる必要はあるまい。この運動は近代工業の発展や大量生産を可能にしたが、これらを基盤にして、西欧諸国の経済的繁栄や成長のかなりの部分が実現したのである。それゆえ、この運動は産業界に影響を与えることをやめなかった。近代企業の組織構造は、未だにテイラーの諸原則に深く影響されており、ときにはそれらを極限的な形で表現することさえある。

しかしながら、それらの諸原則が黙示的に二つの基本的な公準に依拠していること、その公準の的確さに対して正当にも疑問をさしはめるということが、見て取れるであろう。

第一の公準は『唯一の最善のやりかた』についての公準である。それによると、あらゆる活動に関してただ一つの最適なやりかたが存在する。この観点から見ると、組織とは、定義され、記述されうるような一連の職務を機械的に配列したものと見なされる。各々の職務に対応して決まりきった作業課題が存在し、それらは科学的に研究されうるものであり、さらに規則によって標準化されうるものである。最後に、それらの作業課題を実現するために、必要とされる能力はたやすく特定できる。そこで作業課題が適切に実行されることを保障するためには、選抜に関する適切な措置をとれば十分である。

『組織化の技術者』は、彼の科学的な方法を使うことによって、技術的、経済的、金融的、商業的な制約の性質に応じて、企業がその目的を達成するための最善のただ一つの組織化の方法を決定することができる。**このようにして企業を指導することは、技術者の扱う問題になってしまう。**

第二の公準は第一の公準を補足するものであり、『ホモ・エコノミクス』という公準、すなわち「経済的な動機によってしか反応しない人間」という公準である。実際にはこの観点に立つと、仕事をしている従業員は（技能上の資格が等しければ）完全に交換されうる受動的な存在として、完全に予測できる形で経済的刺激に従属している存在として、取り扱われる。彼の唯一の動機は、自分が得る経済的な利得を最大化することである。極端な場合には、作業課題をよりよく、またはより早く実行させるためには、彼に支払うお金を増やせば十分であると見なされてしまう。

この見かたにおいては、生産性、量的および質的な生産高は、労働の物質的な諸条件（給与および付帯的な諸特典すなわち衛生、照明の状態、労働時間など）に依存している。個人は彼が生産物を作るのに使う機械と同じように、一つの手、一つの歯車に過ぎない。彼自身が機械なのであり、その原動力は利益を求める欲望である。

このようにして、基本的な要因に分解すると、テイラーの考え方があまりにも物事を単純化する見かたであり、機械論的な特質を持つことが明らかになる。この考え方が基本を置くのは、実際には仕事の世界での日常経験が絶えず否認しているような抽象概念であることが理解される。人々をもっと働かせるように刺激するためには、より多く金を払うだけでは不十分だということは、誰でも知っている。それ以外の多数の要因が考慮されなくてはならない。

労働についての科学的管理法が、固有の合理的な組織化の方法を入念に作り上げ、次いでそれを押しつけるにあたっては、確かにこれらの単純化や抽象化が必要であったと言えるだろう。しかしながら、このようなシステムの欠陥やこのシステムが必ず引き起こした思いがけない逆機能的な諸帰結を前にすると、遅かれ早かれこの説に疑問を投げかける新説が現われざるをえなかった。それは人間関係論の運動であった。(3)

B　人間関係論の運動

テイラーの図式に含まれる極端な単純化にまさに反発するかたちで、この〔人間関係論という〕組織についての思想と分析の潮流は、〔一九〕三〇年代と四〇年代のあいだにアメリカで発展した。そして、この運動が特に批判したのは『ホモ・エコノミクス』の観念であり、それに代えて労働中の個人の動機についてより細かく、より複雑な分析を提出した。

人間関係論の出発点は、アメリカの巨大な電機会社、『ウェスタン・エレクトリック社』の一つの工場で、二〇年代の終わりとその後の数年間にわたって行われた有名な調査であった。(4) 初めは、この研究はテイラー的な思想潮流の中にあった。それが目指したのは、作業員の生産性は労働をめぐる物的諸条件の関数であるというテイラー的な公準を経験的に検証することであった。ところが、この検証を通してまったく予期せぬ結果が現われ、それが、組織における諸個人の行動を説明するために他の要因に注目せねばならないことを、研究者たちに気づかせたのであった。

調査は一つの工場で行われたが、そこではラジオの中に組み入れられる小さな電子回路を組み立てるという仕事がなされていた。その仕事は、細かく、繰り返しの多い単調なもので、労働者の大多数は女性であった。共用の大部屋に列をなして並んだ机の上で仕事がなされていた。監督をしていたのは職工長たちで、彼らは工場から突き出ている小部屋にいた。仕事の実行に結びついていた直接的接触を除くと、女子労働者たちのあいだでも、彼女たちと下級管理職とのあいだでも、関係がほとんどなかった。

生産性と労働の物的な諸条件の相関関係を評価するために、研究者たちは志願にもとづいて集めた五人の女子労働者からなる実験集団を構成した。この集団は短い観察期間のあと、別の場所にある工場で仕事に就いた。さまざまな長さの十三の実験期間のあいだに、報酬の定め方、休憩の長さ、一週間あたりの労働時間などの、労働の物的な諸条件が変化させられた。そして、各々の期間ごとに、女子労働者の生産性に関するデータが注意深く記録された。

そこから二つの有意義な結果が現われた。まず認知されたのは次のことである。休憩、報酬の定め方、一週間あたりの労働時間などの変化とは無関係に、これらの女子労働者の生産性は改善を続け、ついには普通の工場で見られる水準よりはるかに高い水準が達成された。次に注目されたのは、彼女たちの『士気《モラール》』や仕事と地位に対しての満足度が、一般的にまた継続的に向上していることであった。

それゆえ、女子労働者の『士気』と生産性の増大のあいだには相関関係が存在するように見えた。だが、それならば、両方の改善の根底にあったのは、どんな要因なのだろうか。

この問題に答えるためには、テイラー的な考え方を乗り越える必要があった。実験結果がそのことをはっきりと示していた。そして、実験を取り巻いていた社会的諸条件をより念入りに分析することによって、研究者たちはそれまで軽視された『人間的な』要因の重要性を、発見するに至った。

実際、実験集団における社会的、人間的な諸条件は、通常の工場でよく見られる諸条件とは非常に異なっていた。研究者たちは、引き起こされるであろう諸帰結を当初は全然理解しないまま、重要な諸変化を実験集団に導入してしまったのである。

まず、実験集団を形成すること自体が諸個人間の関係をまったく変えてしまった。そこでは女子労働者たちは相対的に同質的な集団を構成していた。彼女たちはお互いに知り合い、話し合い、助け合うことができた。さらに選ばれた集団に所属していること自体が、彼女たちの仕事に新しい次元を与え、彼女たちの威信を高めた。

しかしそれだけではなかった。実験を成功させるために、研究者たちは他の領域でもより一層重要な変化を導入していた。それは監督の領域であった。女子労働者たちとの信頼関係を作るために、また彼女たちの協力を得るために、以前よりもより人間的で、開放的で、信頼感に裏付けられた監督方法を取り入れた。その結果として、監督者の役割が根本的に変わった。要するに、彼の役割は部下たちを統制し、抑圧することではなく、より幅広い自由の与えられた部下たちを助けたり、支えたり、指導したりすることになった。一言で言えば、よそよそしい態度を持って労働者たちを見おろしつつ、きわめて抑圧的に監視するという伝統的な現場監督の方法が、より自由主義的なスタイルの指揮に取って代わられた。

結局、これら女子労働者たちの『士気』——およびそれにともなう生産性——が目に見えて改善を示したのは、この集団の中の雰囲気や人間関係に表れた変化への応答なのである。労働条件をより有利に設定するだけなら、このような結果は生み出され得なかっただろう。

そのようにして組織の中の人間行動を理解するには、感情的な要因と心理学的な動機が大切であることが発見された。工場はもはやただの技術の世界ではなく、それはまた、諸個人の行動が他の人々の行動と互いに関係し合っている一つの人間的な総体でもある。生産の必要性に対応する組織の公式構造の隣に、それに並行してもう一つの世界、複合的な感情からなる世界が存在している。その世界は固有の論理を持っており、生産に由来する要請の上に、自分の要請を重ね合わせるのである。
今日においては、この発見をあたり前のように見る傾向があるかもしれない。当時は、この発見は一つの重大な革新であった。特に、それは、組織の中の人間行動に関する我々の知識や理解を著しく豊富にするものであった。この観点から見ると、**個人はもっぱら経済的な動機だけを持っているわけではない。同時に感情的な動機を抱いている。**彼はただの手ではない、同時に一つの心である。彼は、多かれ少なかれ意識されている心理学的な諸欲求(安全や感情や攻撃性等にかかわる諸欲求)を自分の職場に持ち込み、それを仕事における自分と同僚との関係、あるいは自分と上司との関係を通して、満たそうとする。

調査によって発見されたインフォーマルな構造の機能はまさに、これらの諸欲求の充足を可能にしない公式構造に欠けている点を補うことにある。(5) インフォーマルな構造は、生産のもたらす合理的、技術的な要請に対して、いわば『人間的な要因』の抵抗を表している。

企業における感情的雰囲気の大切さが発見されたことによって、次のようなねらいを持つ経験的な研究が非常に盛んになった。そのねらいとは、〔公式構造に〕並行する、未知の、感情の世界を探求すること、そして技術体系や組織総体の作動の成績に対して、そのような世界の存在がどんな結果をもたらすかということを調べることである。

この発見は実務的な平面においても等しく重要な結果をもたらした。実際、労働をしている諸個人間の関係の重要性が承認され、そして諸個人の相互関係を決定する諸法則の探求が始まった時から、それらの関係を通してよりよい結果を得るように諸個人を養成することが可能になった。

それは『人間関係』に関わる職業訓練計画の〔流行の〕波であった。その計画が目指したのは、組織上の諸制約に対する・人間的要因から生まれる抵抗を克服することや、諸個人の持つ『対人関係能力』を増やすことであった。上下関係に関して管理職の者が新しい行動様式を自分のものにするように、また、彼らがより自由主義的で、より権威主義的でない統率方法の長所を確信するように、特別な努力が管理職――特に中間役職者――に対して払われた。これらの計画の基礎にある考えは単純であった。**よりよい人間関係は、組織の作動上のあらゆる問題を解決可能にするだろう。**

このアプローチは重要な進歩を可能にし、実務的な面において生み出された成果は無視することのできないものであった。いずれにせよ、このアプローチは企業経営者たちの考え方に深い影響を与えた。企業の作動をめぐって現われる諸困難を解決するために、彼らの多くが今なお最初に考えることは、『人間関係論』の諸技術に助けを求めることである。

しかし、今日、次のことを認めないわけにはいかない。それは人間関係論に寄せられたすべての期待を、それが満たしたわけではないこと、最初のころ想像さえしなかったいくつもの問題が、人間関係論によって引き起こされたことである。

それゆえ、この方法の有用性を否定するのではないが、今述べた相対的な失敗の理由について自問しなくてはならない。つまり、この方法も部分的で限界があるのはなぜなのだろうか。

＜まず、『人間関係論』というアプローチは、組織構造の重要性を正当に評価していない。それは人間関係をあたかも真空の中で生じるかのように取り扱っている。ところで労働をしている諸個人は、組織的な構造の中に閉じ込められてはいないまでも、そこに身を置いている。この組織構造は、諸個人が自分の役割をどのように果たすことができるか、またどのように果たすべきかということを、相対的に拘束力のあるしかたで規定している。こういうわけで、諸個人はいかなる行動でも自由に採用できるというわけではない。＞そして諸個人が作り出す・統率のスタイルや人間関係の類型は、たんに彼らの個人的心理状態の関数であるとは限らない。

ミシェル・クロジエがパリにある六つの保険会社で行った調査によって、この最後の点が明らかになっている。(6) この調査の一つの目的は、管理職にある者が行う統率方法の類型によって、会社の中の雰囲気や人間関係に対してどのような〔異なった〕効果が生じているのかを、経験的に判定することであった。

この調査はクルト・レヴィンの研究を出発点として始まった。(7) リーダーシップのさまざまな類型がどのように効果をあげるのかということについてのレヴィンの研究は、今日なお使われている研修の諸技法の多くの部分の起源となってきた。まず子供の集団を対象とし、次いで組織において繰り返された実験にもとづいて、レヴィンはリーダーシップの三類型を区別した。権威主義的リーダーシップについては注釈を加えなくてもよいであろう。『自由主義的』または民主主義的リーダーシップの場合、上に立つ者は――自分の責任を果たしながら――彼の部下たちの欲求や意見を考慮に入れ、部下たちとの関係に関わる諸問題に関心を注ぐ。最後に、『放任型』リーダーシップの主要な特徴は、上に立つ者が閉じこもりの態度を示すことであり、自分の責任を果たさず、慎重に構えてなにもしないことである。そしてレヴィンの実験結果によると、最もよい成果が得られたのは、部下たちを参加させることに成功したとき、すなわちレヴィンの分類に従えば、上に立つ者が『民主主義的』な方法を採用したときである。

調査を実施した研究者たちは、六つの保険会社の経営者および企業委員会に属する組合代表者との合意のもとに、約四〇の職場集団を選んだ。これらの職場集団は六つの会社に分散しておりさらにそこでなされているさまざまな仕事を代表するようなものであった。そして研究者たちは、これらの集団に属するすべての部下と上司に同時に面接を行った。前者には上司の行動を描写させ、後者には各自が部下に対してどういう統率方法をとっているかについて記述させた。

この調査で得られた回答は、統率方法に関する上司の行動に顕著な差異が存在することを明らかにした。この差異は、不安を操作すること、決定するとき部下の意見を考慮すること、部下の抱いている諸問題を重視すること、妥協をせずに規則の厳格な適用に固執すること、といった諸点にかかわっていた。これらの差異にもとづいて、統率とリーダーシップの三つのやりかたのあいだに、レヴィンが提示した区別が再びかなり明確に見いだされた。上司たちが自分と部下たちとの関係について表した記述の中にも、また同様に上司に関して部下たちが示す・情報や態度の中にも、権威に関わる行動についての比較的、一貫性を持った三つのモデルが見つけられたのである。

この調査によって得られた結果を詳細に繰り返すことは、ここでの課題を越えるものである。また企業を作動させる際の統率の諸問題を理解するにあたって、この調査がもたらした新しい展望を、詳細に考慮することもここではできない。(8) だがこの調査のおかげで見いだされた認識について、少し立ち止まって考察することは意義がある。

実際、これら三つのモデルが六つの会社にわたってばらばらに分布しているわけではないことに、研究者たちは気づいた。どの会社においても、明確に優越している一つのモデルが存在していた。例えば、ある企業では幹部の三分の二は『権威主義的』タイプに相当していたが、他の企業では幹部の六割が『民主主義的』であった。そして、第三の企業では幹部の六割は『放任型』と見なされるべきだった。

〈そういうふうに、組織にかかわる諸要因――すなわち組織の公式構造、それによって定められた責任や権威の配分、組織の作動を特徴づけているゲームの規則――と、幹部が身を置いている社会学的な文脈とは、統率方法の選択に際して、彼ら一人一人の心理学的な特徴よりずっと深く、彼らに影響をおよぼしていた。〉

この諸調査によっても、〔この人間関係論の〕アプローチが不完全なことが明らかになった。特に、自分の組織の中でより大きな影響力を持っている上司は、彼の個人的人間関係や統率方法がどんなであるにしても、よりよい成果を上げていることが発見された。このようにして分析にはきわめて重要な一つの要因が欠けていたことがわかった。それは組織における諸個人の勢力であった。『人間関係』のための研修計画が相対的に失敗したことは、このような結果を確証した。ある個人が研修期間が終わってから企業に戻って、研修で習ったことを適用しようとすると、相も変わらぬ組織の『構造』の抵抗にぶつかってしまうという事例は、誰にでも知られている。彼はすばやく依然の行動に立ち戻っていく。組織の構造が同時に変化しない限り、『人間関係』のための研修は、稀にしかその目的を達成しないように見える。なぜなら、組織の有効性をよい人間関係の副産物と見なすことはできないからである。同様に大切な他の諸要因を考慮に入れなくてはならない。

『人間関係論』のアプローチも自分の限界にぶつかってしまう。実際、このアプローチがつねに土台にしているのは、労働している個人が受動的存在で、与えられる刺激に紋切り型の反応をしているという公準であるが、この公準に対しては異議をはさむ余地がある。この点において、テイラーのものの見かたが暗黙のうちに保持されている。すなわち、経済的な刺激に、感情的な刺激が追加されただけなのである。

たしかに、それによって得られた人間観はより豊かであり、より複雑である。彼の動機はもはや純粋に経済的なものではなく、重要であることが発見されたばかりの一連の心理学的な欲求を包括するものとなっている。だが、この変化は外見ほど根本的なものではない。『ホモ・エコノミクス』の公準がたんに、『人間性』という、より広いより多様性のある公準に取り替えられただけなのだ。そして、その『人間性』は、非常に長い研修の過程を通してしか変化させることができない。しかし、『人間性』という独立した、定義しうる条件との関係においては、組織がうまく作動するために必要な・諸個人の側での反応を、適切な刺激を使うことによって呼び起こすことは、可能である。

このように、『唯一の最善のやりかた』が存在するという哲学は、疑問に付されていない。組織を設計する技術者は——彼はいまや人間関係の専門家を兼ねているが——可能な限り最善の組織をつねに作り出すことができるし、作り出すべきなのである。(9) 次に、彼は、人間関係論の適当な技法によって、諸個人を期待されている行動をとるように導びくべきである。たしかに、彼の課題はよりむずかしくなっている。なぜなら、彼が活動するのはより複雑な領域となっているからである。そこで彼が考慮すべき変数は、もはやたんに技術的なものだけではない。また同様に、心理学的な変数や、もっと簡単に言えば人間的な変数も存在している。しかし、ここで気がつくのは、彼の課題とテイラー主義の立場に立つ組織の専門家の課題とは基本的には区別できない、ということである。

人間関係論の運動が保守的な色彩ではないにしても、次第に統合を目指す色彩を帯びた理由は、労働をしている個人について、このようにきわめて貧弱な見かたをしたことにある。その見かたを基礎にして、経営者が人間関係論の中に見いだしたのは、企業の構造——その合理性は決して問題にされない——の中に諸個人を適応させ、彼らを一層そこに統合するような一つの手段であった。そして労働組合は人間関係論を人間を操作する一つの道具としか見ないで、その方法に対してしばしば荒々しく反抗した。

さらに、人間関係論の運動が経験した衰えは、この貧弱な見かたから生じた。なぜなら、日常の具体的な経験がこの見かたを否定しているからである。『ホモ・エコノミクス』という観念と同じように、『人間性』という概念は事実に即した試験に耐えることができない。**実際、個人に行動のしかたを教え込むような万古不易の人間性というもの、そしてそれに対して働きかければ紋切り型の反応が引き起こされるというような不変な人間性などは存在しない。**我々は誰でも経験を通して知っているはずだが、個人は、異なった状況や制約に直面すると、行動を変えるものである。個人は自由主義者から権威主義者に変化するであろうし、またその逆にも変化するであろう。ところが、人間関係論の論理においては、このような変化は説明できないままなのである。

C　戦略分析

この二律背反を抜け出るために、戦略分析は思考法を逆転させた。戦略分析は、どのような個人も組織の目的を達成するための完全なる手段としてのみ取り扱われることを受け入れないという、常識的な確認から出発する。組織の目的に成員が完全に同一化する宗教組織のような自発的組織の場合を除けば、おそらく、どのような個人も完全に受動的だと言うことはない。自分固有の目的や、自分固有の・組織の中での個人的企図を持っているのであり、それを自分の直面している諸制約を乗り越えながら追求しようと試みるのである。

戦略分析の論理のさまざまな要素をここで詳しく説明することは無理である。それは次の章の課題となるであろう。しかし考え方をはっきりさせ、すでに述べてきたことと、これから述べることとを同時によりよく理解させるために、戦略分析の方法の主要な主張をここに簡潔に記すことは有益だろう。

＜課されている選択肢や刺激に決まりきったやりかたで（言い換えれば、完全に予測できるやりかたで）反応するような主体から出発する代わりに、戦略分析は自分固有の諸目的を持つ自由な主体の存在を公準として設定する。＞それらを達成するために、そのような主体は自分固有の戦略を追求する。すなわち彼は、各時点での制約を考えながら自分が自由にできる諸資源をできるだけ適切に使うのである。それゆえ、そのような主体の行動をつねに完全に予想することはできない。なぜなら、その行動は一定ではないからである。逆に個人は自分および自分が実現したい目的にとって可能な限りもっとも有利になるようなしかたで、直面している新しい条件に対して、自分の行動を絶えず適応させようとする。

行為者の戦略はつねに合理的である。ただそれは絶対的合理性ではなく、制約された条件適応的な合理性である。なぜなら行為がなされる諸条件の下では、個人は——彼はその固有の性格を持っており、自分が置かれている状況が課すさまざまな制約によって囲まれているが——『最適解』を探すことあるいは見つけることはできないからである。彼は『満足基準を充す解』で我慢しなければならない。すなわち、それは『むずかしい状況をうまく切り抜けること』を可能にし、また諸々の状況の下で手段と資源とをできるだけうまく使うことを可能にするものである。シリウス星の観点からみれば、そのように行われた選択が非合理的に見えるかもしれない。状況の中の個人から見れば、それは決して非合理的なものではない。

我々が人間関係学派によって発見された感情の重要性をあらためて見いだすのは、まさに個人の満足度を規定する基準はなにかという文脈においてなのである。紛争や緊張の状況をどの程度耐えることができるかによって、彼の選択は異なったものとなるだろう。同様に、上司に直面しながらある主体が追求する戦略は、その上司に対してどの程度『共感』を感じているかによって影響されるであろう。しかし、そのような基準そのものが固定的ではないことを、つねに心にとめておくべきである。反対にそれらは状況の課す諸制約に応じて、個人が行うゲームに応じて変化するのである。

〈つまり、それは諸研究によって現実には存在しないことが示された『唯一の最善のやりかた』の終焉なのである。この視点から見れば、一つのよりよいやりかたとか、唯一のよいやりかたは存在しないのであって、いくつものやりかたがあるのであり、それはその人間のいる状況と彼がゲームを通して達成しようとする諸目的との関数なのである。〉

以上の分析に鑑みて組織の形式的な定義をあらためて考えてみれば、それが不完全であることがわかる。一つの組織は抽象でしかない組織図や内規集に還元されるものではまったくない。組織は生き物であり、固有の目的にもとづいて駆け引きを行う自由な諸個人からなるものである。**なぜならば、実際一つの組織の成員の行動は、公式の規則によっては部分的にしか定義されていないからである。規制されていない〔人間〕関係の領域がつねに存在している。**前述のような労働の科学的組織化をしようとしても、そのすき間に組織図に現われるさまざまな行為者の持つ個人的・集団的な動機が流れ込むのである。彼らは自由な社会的行為主体として、自分が持つ目的と、直面している多かれ少なかれ公的な、さまざまな・要求と制約とに規定されながら、組織の中で自分のゲームを行っている。＜もし人間は（科学的管理法の言うように）一つの手や（人間関係論の言うように）一つの心であるのみならず、一つの頭脳であること、すなわち一つの自由と一つの企図でもあることが認められるならば、人間の行為が戦略的であるという考え方を受け入れねばならない。すなわち、人間の行為は状況の課す制約を考慮に入れながら、個人的目的を達成しようとする観点によって方向づけられている。＞

それらの個人的目的あるいは企図はさまざまな性質のものでありうる。それらは組織の内部に存在することがありうる。人は位階体系の中で昇進し、立派な経歴を得ることを欲するかもしれない。平穏さや、危険あるいは専制に対する保護をなによりも探すかもしれない。同様に人は、厄介な上司に対して大きな自立性を確保しようとするかもしれない（たとえそうすればもっと効果的に仕事を遂行することができると考えているからに過ぎないとしても）。だが、これらの企図が組織外部に位置づく場合もありうる。たとえば組織外で金を稼げるような知識を獲得するために、また住んでいる地域で勢力と威信のある立場を入手するために、組織を利用しようとすることがある。いずれにしても、そのような個人的な目標が組織の公式の目的と完全に合致すると想定するのは幻想である。両者のあいだの不一致は深刻なものでありうる。そしてそのような不一致の存在は、組織図によって規定されている役割をそれぞれの行為者が果たすやりかたに対し、つねに深く影響するであろう。

組織の凝集性は——したがって目的を達成する組織の能力も——成員たちの行動がこのように予測できないことによって脅かされている。内部規則集と組織図は、まさに組織にとって、一定の規則性を保障し、成員たちの自由を制限するための一つの手段なのである。しかしそのように規定された役割と課題は、それが達成されない場合には、組織の存在さえが脅かされるような、いわば最小限の基準に過ぎない。組織が適切に作動するためには、それぞれの参加者が熱心に協力しなければならないことが、暗黙のうちに了解されている。

〈つまり組織は、その成員にゲームを行おうという態度をとることを要求しながら、各成員の『善意』に暗黙のうちに呼びかけている。そして、彼らは時おり〔それを〕拒絶するかもしれない。成員が採用した行動によって組織が影響されている限りにおいて、組織に対する勢力を成員に与えるのは、まさにこの拒絶の可能性である。組織はつねにその成員の参加を必要としている。それゆえ成員の参加は、たとえ暗黙のうちにであっても、つねに交渉手段となるであろう。〉

順法ストという周知の例は、たった今述べたことを完全に例証している。この場合、仕事は拒絶されていない。たんに仕事を熱心にすることが拒絶されているのであって、逆に存在する規則を異常に細かく適用することになる。それだけで組織の作動を麻痺させるのに十分である。

しかし、各成員は組織総体に対する関係においてのみ勢力を持つわけではない。彼は別の成員や集団に対しても、彼の行動がその固有の役割を多かれ少なかれ首尾よく果たすことを可能にする限りにおいて、勢力を持っている。それゆえ一定の勢力を持っているそれぞれの参加者が、自分の目的を達成するために、自分の勢力をできる限り利用することを予期しなければならない。

<このようにして諸個人や諸集団のあいだに、多かれ少なかれ安定的な均衡状態が実現する。そしてこれら諸個人と諸集団は、自らの固有の目的をどれだけ追求することができるかということに関して、原理的に最高水準の満足を獲得するために、相互に勢力関係や駆け引きの関係を形成しているのである。> それらの勢力関係は、組織の公式構造が生み出している勢力配分と一致するかもしれない。しかしまた、それに並存する場合もありうる。いずれにしろ勢力関係は公式構造の内部で展開するのであり、公式構造は、組織の作動状態が維持されるためには侵してはならない限界を、勢力関係に対して定めるのである。

なぜなら参加者にとっては、彼が組織を立ち去らない限り、彼の私的な諸目的の一部を実現できるかどうかは、組織によって規定されている彼の仕事や役割の遂行いかんに否応なく依存しているからである。**それゆえある意味では、個人は組織の存続に対して（たとえ無意識的なしかたであれ）連帯しているのであり、少なくとも組織の諸目的の一部を内面化している。**

このようなわけで、組織図（とりわけそれが規定している権威の連鎖）と内部規則集は、成員たちにとって制約となるのである。それらはいわば、諸限界と諸制約を形づくっているのであり、それらの内部で、成員たちはすでに見たようにゲームを演じ交渉するのである。しかし、それらの役割は中立的ではない。それ以上のことが生じる。組織図と内部規則集はまた道具となるのであり、企業内に存在する諸個人や諸集団が自分たちの戦略を追求するにあたって、それらを道具として使用するのである。そしてそれらは、各人がまったく当然にも、諸制約と『ゲームの規則』をどう定義するかを統制しようとする限りにおいて、闘争の土俵にすらなるのである。そして次に、これら諸制約とゲームの規則は、各人のゲームの可能性を構造化するであろう。

このようにして記述し分析されるに至る総体の均衡状態は、組織図と内部規則集の観察だけにもとづいて予想されるような状態とはもはや全然対応しない。それは科学的管理法の下にも、究極的には人間関係学派の下にも見られる『機械論的な見かた』〔の提示するイメージ〕とはまったく似つかないものである。

〈このようにして別の水準に到達したのである。それはある組織の作動のために協力する・諸個人と諸集団の総体によって形成される社会システムの水準である。(11)組織は一つの政治的な団体になるのであって、諸々の歯車が相互に組み合わされ、ただ一つの合理性によって決定された機械のようなものになるのではない。そして結局、ある組織を指揮することは物を管理することよりも、はるかに多く人間を統治することに関係しているのである。〉

第二章　組織の社会学的分析の基礎概念

あらゆる知的方法と同様に、組織の分析も一定数の鍵概念あるいは概念用具に依拠しており、これらの概念が、分析しようとする社会的現実を理解し説明することを可能にする。本章が提示し例証しようとするのは、そのような諸概念にほかならない。以下で使われるそのための方法は単純である。まず〔理論的〕説明を行うが、これは抽象的なものにならざるをえない。そのあとで、それぞれの分析ごとに、組織社会学研究所においてなされたさまざまな調査から得られた具体例あるいは事例を提示する。

本章は四つの部分からなる。第一に、組織の中の個人の行動を「戦略」〔stratégie〕という概念によって説明する。第二に、勢力関係のメカニズムを「不確実性の領域」〔zone d'incertitude〕という概念によって示す。第三に、組織を社会システムとして総合的に検討する。最後は第四に、このように分析された組織をその環境との関係において把握する。

A　組織の中の個人の行動——戦略という概念

すでに我々が見てきたように、組織の分析は、日常経験がたえず示している次のような公準から出発する。それは、労働をしている個人の行動は決して完全に決定されたものではないということである。彼は自由な行為者であって、自分の個人的目的を達成すべき合理的戦略〔stratégie rationnelle〕を追求する。

合理的戦略というとき、次のことが了解されねばならない。ここで問題になるのは、理念の世界にしか存在しないような唯一の**大文字の**合理性ではない。個人と彼の組織の中の状況に対して条件適応的な、**一つの**合理性が問題になるのである。ゲームあるいは合理的戦略ということについて的確に語りうるのは、一つの状況と所与の諸制約の中に身を置いた行為者の観点に立つ場合のみである。**かくして、まさに「制約された合理性」**〔rationalité limitée〕**こそが問題になるのである。**

それゆえ、行為者の行動を分析するために、考慮に入れなければならない二系列の要因が存在する。第一の系列は個人の固有の特徴にかかわるものであり、第二は個人が身を置いている組織の課す諸制約にかかわるものである。それぞれの系列の要因が、それぞれのやりかたで、行為者のゲームの自由を限界づける。

1　個人の諸特徴

この点について、くどくどと述べる必要はあるまい。我々は誰でも他者に関係する場合には、このようなやりかたで推論するし、心理学的要因を考慮するのがつねである。

ある個人の行動と彼が追求するであろう戦略が、まずはじめに彼の精神的、知的能力に応じて、また彼が利用できる文化的手段（教育、社会的出身等）に応じて変化することは明らかである。

同様に、それらは個人が位置しているより広い社会状況の関数でもあるだろう。実際、個人はある組織の成員であるということによってのみ、定義されるものでは決してない。彼はまた外部に対して、つながりや利害関心を持つ。彼〔あるいは彼女〕は家族の中で父や母であったり、政党の党員や責任者であったり、スポーツ団体の加入者等であったりする。そして組織外部の彼の状況は、多かれ少なかれ、組織とのゲームに際して動員可能な手段を、さまざまな程度において個人に提供するのである。組織の内部の個人の戦略は、当然ながらそのような手段に影響されるのである。

結局、これらの要因の総体は、個人が追求していると考える諸目的の設定に必ず影響するであろう。個人はさまざまな程度の野心を示すであろう。彼は組織の中において、これらすべてに規定されながら、自分の役割をどのように行うかを決めるであろう。

一つの簡単な例によって、このことを示そう。一方で、多人数の家族の父親で、出身も貧しく、初等教育しか受けていない男を取り上げよう。これに対して、独身で裕福な暮らしをし、しっかりした教育を受けた若者がいるとしよう。この二人は同じ職務に任ぜられたとしても、同じ行動をとらないだろうことは明らかである。そうなるのは、一方にとって不可能な危険の負担を他方が引き受けうるからにほかならない。しかしそれぞれの持つ手段と組織外部で持つ責任からすれば、双方の行為は同じように合理的だと言えるであろう。

2　組織における諸制約〔les contraintes organisationnelles〕

しかし、組織の中の個人は、自由に自分の思うままにふるまえるわけではない。彼の行為は必ず**すでに構造化されている場**において展開される。その場は、すでに確立されたコミュニケーション回路によって、権威の公式の配分によって、各人の権利と義務を定義する規則によって、連帯関係の網の目によって、構造化されている。

実際、組織構造はさまざまなやりかたで、行為者が選択しうる合理性の類型を制限している。組織構造は、精密なやりかたで作業課題と地位を定めながら、位階的な（すなわち、権威や指令による）かつ機能的な（専門領域ごとの専門化による）分業の原理にしたがって各成員に専門の任務を割り当てながら、相対的に拘束性を持つ、果たされるべき諸役割を作り出す。それから組織構造は、コミュニケーションと情報の回路を設定することによって成員の情報入手を制限し、それゆえ彼らの選択可能性を制限する。

極端な場合には、そこから目的の変質という重大な帰結が生じうる。実際、自分の任務に特化し〔組織〕総体を統御できない各成員は、自分の任務としている部分的な目的を是が非でも達成しようとするだろう。実際には、この部分的な目的は、組織全体の目的を達成するための一つの手段でしかないのに、彼にとっては目的のすべてとなるのである。他方、組織全体の目的は、彼にとって相対的に不明瞭で抽象的なものにとどまる。〔組織の中の〕個人や集団が自分たちの目的を追求するあまり、〔組織〕全体の円滑な運営や存続を危うくするという状況があることは、あらゆる組織において知られている。(12) しかし、彼らの知識と彼らの直面しなければならない諸制約を前提にすれば、彼らは合理的に行為していると言えるであろう。

組織はまた他の水準においても間接的に介入する。実際、組織はその構造と、作動の規則性によって、同じ状況に存在し同じ条件を共有している異なった諸個人のあいだの連帯関係を、作り出さないまでも、強化するのである。

(同一の職種に、あるいは同一の地位に属する個人のあいだの)連帯関係は、諸個人に対して一定の同調性のある行動をとらせようとする仲間集団の圧力を通して表現される。この圧力が非公式なものであるとしても、また組織の規則書によって定められているわけではないとしても、だからと言ってそれが諸個人の選択と行動の自由を制限するきわめて重要な要因であるという事情には変わりがない。

この圧力の有効性は、部分的には組織構造に左右されるであろう。組織構造が個人に対して自分の職種から離脱することを困難にすればするほど、この圧力はより効果の強いものとなるであろう。個人はそのような圧力に、ますます従属するであろう。しかし圧力は決して絶対的なものではない。たとえ諸個人がそれに同調したとしても、その理由は彼らの状況ゆえなのであり、彼らにとってもっとも有利な、それゆえもっとも合理的な解決が得られるからなのである。

これについてのもっともよい例は、流れ作業で生産している労働者たちの行動である。よく知られた生産制限という態度は集団の規範の現われである。なぜなら彼らの状況においては、労働者たちの利害はあきらかに、彼らの真の能力を隠し、容易に達成しうる生産ノルマを定めさせることにあるからである。そのようにすれば、彼らは疲労を最小にすることは言うまでもなく、彼らの努力や仕事の責任などをよりよく統御できるであろう。しかしこの態度は集団的になされるのでなければ、報われない。だからこそ、それは情容赦なく課されるのである。仮に個人としてはこの規範を破りたいと思う者があったとしても、そのような者は敵意や攻撃性の的となり孤独におちいるといった大変高価な代償を払わねばならないので、たいていの場合彼は、まったく得にならないゲームを断念するのである。

この集団規範はより若い成員に同様に伝えられていく。複数の調査において、我々はこの**集団規範の学習**を見いだすことができた(13)。たとえば、労働者集団の利害に密接にかかわる諸問題に関する質問については、一定期間以上働いている被調査者の回答は驚くほど画一的であった。境界となる勤続期間は普通三年から五年のあいだに位置する。それ以前においては、回答はきわめてさまざまな態度に散らばっている。反対に三年から五年を超えると、学習がなされており、回答は当該の問題についての集団規範に同調している可能性が強い。

∧これらすべての要因が行為者の合理的選択肢を制約しているとしても、しかし、これらは行為者の選択能力を決して完全には奪わない。個人あるいは集団の状況に固有の諸制約と彼らの行動とのあいだには、つねに決定されていない領域が存在するのであって、その内部で個々の行為者は自分の行動を決定するために(さまざまな条件を考慮しながら)、自分の利益を計算するのである。この計算は暗黙のものであったり、さらには無意識的なものであることもありうる。しかしそれはつねに存在し、各人の行動における合理性――それが「制約された合理性」だとしても、――の省略しえない一部分を表している。∨

このようにして組織とその成員のあいだにある種のゲームが形成される。成員の側に望ましい行動をさせるために、組織が使用できるのは、構造と規則とより一般的には成員に賞罰を与える可能性である。しかし、我々が見たように、成員たちはその行動を完全には決定されない。彼らはみずからのよりよい利益のために、みずからの行動を合理的に計量するべく自由を行使する。このゲームの中で、しだいにある種の均衡が達成されるのであって、それが――公式の構造よりも強く――組織の実際の作動を特徴づけ、説明するのである。

次の例は、ミシェル・クロジエが行った調査から引用されたものであるが、このことの例証を提供している。

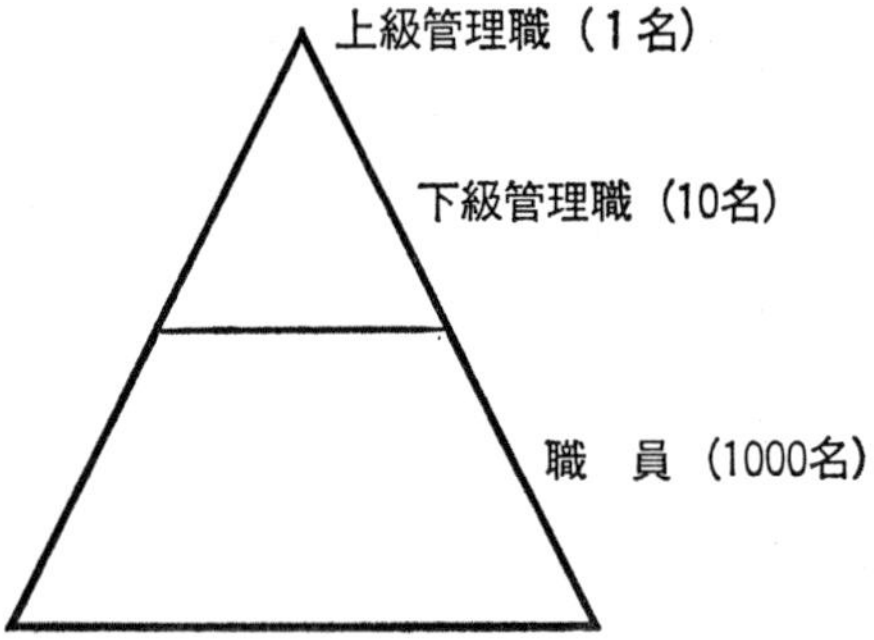

会計事務所の事例

この調査は、銀行と類似の業務を行っている、ある公的機関を対象として実施された。その業務は計算機を使った、きわめて標準化されたやりかたでなされる定型的仕事を必要とし、きわめて重大で困難な人事管理上の問題を引き起こしている。

この企業の組織構造は簡単である。その本質的特徴は硬直性と軍隊組織にも似た位階秩序にある。組織図はほぼ次のようなものである。

主として婦人からなる一〇〇〇人の職員が計算機を使った業務をそこで行っている。彼女らは一〇〇人からなる一〇の課に編成されており、下級管理職がこれを監督している。組織全体は一人の上級管理職によって指導されている。彼を補佐するスタッフはおらず、二人の補助職員がいるだけである。それゆえ指揮系統はきわめて純粋で、いかなる『機能的な』

干渉もない。さらに、一〇の課はまったく同じ仕事をしている。それらのあいだに相互依存はなく、並行して仕事が行われている。

職員のあいだにはきわめて強い不満が存在していた。社会的雰囲気は険しく、組合組織はいくつもあり戦闘的であった。要するに、雰囲気は緊張していた。

このような諸困難をよく意識していた所長は、緊張した雰囲気を、職務が労苦にみちた性質のものであることと、職員と下級管理職とのあいだの人間関係の問題のせいにした。下級管理職がうまくやっていないと考えたのである。

しかし、調査はまったくちがうことを明らかにした。社会学者も含めてすべての人が信じていたのとは反対に、下級管理職と職員との関係は良好であった。逆に、職員と上級管理職との関係は相対的に悪かった。

通常起こっている事態とは逆の、この予期せざる結果を説明するために、調査に携わった社会学者は、組織について少々研究しなければならなかった(14)。そして、上級管理職が実際には決定の全責任を持っていることが明らかになった。彼は全体を方向づけるためにのみならず、職員の日常に影響する職務の詳細にも干渉するのであった。仕事量は単位時間ごとの量として決定されるべきものであるが、その決定は彼の権限に属するものであった。同様に、規律にかかわる諸問題についても上級管理職によってのみ判断が下された。

このような集権化の帰結は明らかであった。決定を下しうるためには、上級管理職は情報を必要とする。しかし、これらの職務における仕事の日常の現実とそこで生じる諸問題に直接には触れていないため、彼は決定を下すにあたって下級管理職から伝達される情報に依存する。しかし、下級管理職は彼らに与えられている役割の課す制約と圧力ゆえに、上級管理職に伝える情報を歪曲するように導かれる。彼らにとって実際そうするのが、個人的昇進の観点からのみならず、仕事をうまく行うためにも、もっとも合理的な行為なのである。

なぜであろうか。まず彼らは資源が有限な組織の中で、お互いに競争している。それゆえ彼らは、日々ぶつかる問題を自分の都合にもっとも有利なように提起することによって、自分の課のために最大限のものを獲得しようとする。そして、彼らは部下との関係から生ずる状況からしても、そのように行為することに利害を持つ。実際、彼らの役割は自分の課を機能させることである。しかし、そのために彼らの自由になる手段は少ししかない。というのは、決定と賞罰の権限は上級管理職の手に集中されているからである。この状況において、彼らにとってそれから脱する最上の方法は、困難が生じたときにはいつでも必要に応じて欠陥を上級管理職に帰することによって、部下とのあいだに良好な関係を作り出すことである。そのようにすれば、彼らの仕事にはトラブルは起こらず(これが高く評価されることを彼らは知っている)、職員は満足し、すべてがうまくいくであろう。

上級管理職自身は困難な状況にいる。彼は歪曲された情報にもとづいて決定しなければならない。彼にとって最善の解決は、この状況の中で定型的決定を下すことである。なぜなら〔日常的〕

定型業務は、結局は、過度に有効性を損なうことなしに不満足を最小にすることを、彼に可能にするからである。しかし、このことは結果として、下級管理職を職員の側にさらにもう少し追いやることになるであろう。下級管理職は適切な決定を得ることができないので、ますます部下とよい関係を維持する能力に頼ることになるであろう。

職員自身もこのゲームに参加している。この結果に照らして、すべての聴き取りはあらためて分析された。職員は、彼らの直接の上司を、能力や自分たちとのあいだの人間関係の良し悪しによっては評価していない、ということがわかった。彼らの中心的な〔評価〕基準は、彼らにとってもっとも直接的にかかわり、もっとも重要性を持つ領域によって与えられていた。上司が、自分は彼ら〔職員たち〕の利益を主張したのに、上級管理職が道理に耳を傾けようとしなかったと断言すると、職員たちは上司を信頼できると考えたものだった。

このようにして明らかになった〔諸事象の〕総体は、緊密に関係し合っていたことが、見て取れる。各人が組織の中で行うゲームは、諸制約を考慮すれば合理的なものであった。

B　勢力関係〔relations de pouvoir〕——「不確実性の領域」〔zone d'incertitude〕の概念

組織図がどれだけ細分されようとも、内部の規則がどれだけ洗練されようとも、組織内部の諸個人や諸集団の行動の予測不能性を完全に除去することは不可能である。これらの主体は、誰かが規制しようとしても規制できない、一定の自由な〔行動〕領域をつねに持ち、みずからの戦略の実行にあたってそれを利用するのである。この領域は広いこともあり狭いこともあるが、つねに存在するのである。先に我々が見たように、組織の成員は、組織が良好に作動するために不可欠な『善意』の提供を拒絶する可能性をつねに保持している。

組織とその成員とのあいだにはこのように勢力関係が存在するのであり、今やその仕組みを分析することが必要である。

1 勢力

勢力〔pouvoir〕とはなんであろうか。それはある人物Aが、自分の要求することを人物Bにさせる能力のことである。これは二人の人物が関与する交渉の、それゆえ取り引きの関係である。それは不均衡な関係である。もしAもBも同じ手段を使えるのであれば、彼らのあいだに勢力関係は存在しない。なぜなら双方とも相手になにかをさせることはできないからである。しかしそれはまた互酬的な関係である。自分に要求されていることを受け入れるためには、Bはそうすることに利益を見いださねばならない。それゆえAが引き替えになにかをすることが必要なのである。**つまり勢力とは、一つの力関係であり、そこから一方の主体が他方より多くのものを獲得することができる。しかし同時にそこでは、一方の主体が他方の前で完全に無力になることは決してない。**

勢力の源泉あるいは基盤はなんであろうか。それは、勢力関係へかかわるそれぞれの主体の持つ、「自由な選択範囲」〔marge de liberté〕の中に存する。すなわち、それは、各主体が多かれ少なかれ持つ・他の主体が要求するところのものを拒否する可能性の中に存する。言い換えれば、ある主体の持つ勢力とは、他の主体が要求するものに対してその代価をできるだけ高く支払わせる能力の関数なのである。そしてこの能力自身は、自分の行動を予測不能にしておく可能性がどれだけ大きいかに依存するであろう。

それゆえ、勢力関係にかかわっているそれぞれの主体の戦略は、自分の行動と反応をできるだけ予測されないようにすることから成っている。そのために彼は、自分の意のままにできる自由な選択範囲をできるかぎり広げようとし、同時に相手のそれを狭めようと努める。そして相手を諸制約のなかに閉じ込め、逆にその行動が事前に完全にわかったものになるように努める。

きわめて簡単な例によって、この論議を例証することができる。田舎の小さな町に住む金持ちの名士、デュポン氏は、職人のデュラン氏に家を修理することを依頼する。この依頼という事実によって、まさに彼らのあいだに勢力関係が成立する。この修理と引き替えにデュポン氏が支払うことを受け入れる価格は、力関係が有利かどうかの関数である。もし町の中で依頼された修理を実行できるのがデュラン氏だけであるのなら、そしていろいろな理由によってデュポン氏が町の外に出かけていけないのだとすると、力関係はデュラン氏に有利になる。実際、彼の顧客には選択肢がない。修理をしてくれる気があるかどうかを彼に聞かなければならない。関係は対等ではなく、デュラン氏に有利である。しかしデュポン氏が完全に無力なわけではない。実際、デュラン氏によって提示される条件が法外なものと映るのであれば、修理を依頼することをやめることができる。そしてもし他の職人に頼むことができるのであれば、彼は力関係をひっくり返し、自分に有利なものにすることさえできる。この場合、彼は異なった職人たちのあいだでゲームをする可能性を持っており、職人たちにとって彼の行動は予測が困難となるのである。これらの職人たちが協調し、それによってデュポン氏の選択の可能性を再び除去しない限り、そうなる。

このようにある個人の持つ勢力は、相手との関係において彼が統御できる「不確実性の領域」の重要さの関数なのである。言い換えれば、デュラン氏の持つような能力や熟練を見いだすのがよりむずかしくなるほど、家の修理のために彼を必要とするデュポン氏に対して、彼はより重要な不確実性の領域を統御できるようになるだろうし、デュポン氏に対する彼の勢力はより大きくなるであろう。

しかし、**ある不確実性の領域を統御するということだけでは不十分である。さらに、勢力関係に関与している相手たちとの関係において、その不確実性の領域が適合的でなければならない。つまりそれは、自分の目標を追求している相手たちの能力に対して影響をおよぼすものでなければならない。**問題になっている修理を行うデュラン氏の能力は、デュポン氏が家屋を大切にし、それが決定的に重要なものであるのでなければ、デュポン氏にとって意義を持たない。もし彼が家を荒廃させたままにできるのであれば、デュラン氏が特別の熟練を持つからといって、それはデュポン氏にとって効力のある不確実性の領域あるいは不確実性の源泉を構成するものにはならないだろうから、デュラン氏はいかなる**勢力**も手に入れないであろう。

2　勢力と組織

勢力関係が展開される場を構造化しながら、組織が介入するのはこの水準においてである。そして、それは複数のやりかたで行われる。

まず、勢力関係が存在するのは、交渉し合う二つの主体が、ある所与の課題の達成のために組織されたある総体によって、相互に結びつけられている限りにおいてである。

これは自明のことであり、今示したばかりの極端に簡単な例の中にさえも見いだされる。デュポン氏とデュラン氏はそれぞれの目的（家の修理、収入を得ること）を追求するために、相互に他方を必要としている。彼らのあいだに勢力関係が発展しうるのはその限りにおいてである。

組織は、共通の目的の達成に志向した組織構造によって、協力相手たちを継続的に相互に結びつけながら、勢力関係の永続性を基礎づける。

このように、勢力と組織は相互に分かちがたく結びついているのである。人々が彼らの集合的目的を達成するのは、勢力関係を通して行為する限りにおいてである。しかし逆に、彼らが勢力を相互に行使するのは、彼らの交渉をきわめて直接的に条件づけているその集合的目的を追求することを通してのみ可能である。

そして、人々が統御しようとする「不確実性の領域」が〔勢力関係において〕**適切かどうかを**

定義し、それゆえ人々が保持する勢力を定義するのは組織なのである。実際、諸個人は組織に参加する。この事実自体によって、彼らは組織に依存する。なぜなら、組織の存続と組織目的——それが組織を定義するのである——を達成するその能力とが、組織成員の各々にとって、勢力関係において動員可能な諸資源の適切性を規定するような、本質的な諸基準の一つを形成するからである。言い換えれば、ヴァイオリンを演奏できるという事実は、機械工場の中である個人が保持する勢力に対してなにものも付け加えないであろう。逆に、彼が複雑な機械の謎をすべて知っているのであれば、彼の交渉能力つまり彼の勢力は著しく大きなものとなるであろう。

<このように、ある個人やある集団によって統御される不確実性の領域が、組織あるいはその一部分の存続にとってより重要になればなるほど、その個人や集団はより多くの勢力を持つであろう>。第二次大戦後のフランス企業の発展は、これについて明瞭な例を提供している。戦後当時の窮乏した経済の中では、本質的なことは生産することであった。それゆえ企業の中の勢力は、もっとも重要な機能を統御している・生産担当の技術者に集中した。次いで市場についての知識と販売努力とがもっとも重要な時代が到来した。勢力は、この不確実性の源泉をもっともよく統御する営業担当者の手にこそ移った。今日、現代企業の成長と複雑化の結果、新しく交替が起こっている。組織化の諸問題、あるいはむしろ『経営』の諸問題が今度はもっとも重要になったので、指図する立場にだんだん立つようになったのは事業管理の問題を扱う専門家たちである。

<要するに、〔勢力〕行使の場と行使の諸条件を定義することによって、勢力関係を調整するの

は組織である。実際、組織内部の諸個人や諸集団の行為の自由を、組織はその構造と規則集によって制約する。したがって、組織はこれらの主体間の交渉の展開と内容を深く条件づける。∨

何人かの個人が、賞罰を科す特別の勢力を組織から与えられるのは、このようにしてである。彼らはそれによって、組織の中で絶えず行われる交渉において、他の者より大きな影響力を手に入れるのであり、時としてみずからの方針をきわめてたやすく押しつけることさえできるのである。

しかし、もし勢力関係が公式の構造に忠実に結びついているものであれば、それについてかくも長々と論じるのは無益であろうということを、よく認識する必要がある。たしかに組織図は重要である。しかし、我々はすでに、一つの組織の中に存在する勢力関係を組織図が表現しつくすものではないことを、強調してきた。まったくその反対である。

組織図によって定義されるような位階体系に並行して、四つの主要な・不確実性の源泉から、さまざまな勢力関係が展開するということは、分析によって実際に示されている。この四つの不確実性の源泉とは、組織がうまく作動するのに必要な∧知識と能力∨、∧環境との関係∨、組織内の∧コミュニケーションの流れ∨、そして最後に∧規則の適用∨、あるいはより一般的には、組織における公式の諸要素の適用のことである。

3 組織における不確実性の主要な四類型

第一の、もっとも知られているもの、組織の作動に必要な諸能力から生じる不確実性から、

〔検討を〕始めよう。ここでなにが問題であるかは容易に理解される。後に示される独占事業体の例において、その明解な例証が見られるであろう。ある組織が首尾よく活動することによって、（技術的、経済的、法律的等の）あらゆる種類の多数の問題が引き起こされる。一方で、それらの問題の出現はつねに予見可能なものとは限らず、あらかじめ計画を立ててそれらを解決できるわけではない。しかし、それらの解決のためには、知識と特殊な能力の動員が必要である。ある組織の成員で、必要とされる諸能力を個人的にあるいは集団として手中にしているゆえに、これらの問題を解決しうる者は、この事実ゆえに、彼らに依存している他の組織成員に対して不確実性を統御するのである。そして彼らは、他の組織成員たちに対して、これら成員たちが必要としている知識や能力を動員する彼らの『善意』を、交換手段とすることができるのである。

この＜専門家の勢力＞を例証するような多数の事例がただちに頭に浮かんでくる。修理工、情報処理技術者、税理士等。だが、実際には、専門家の勢力はもっとずっと拡散している。極限においては、ある組織のすべての成員が最小限の専門性を保持している。各人は、組織への自分の参加〔のしかた〕を取り引きするために、その専門性を利用する。そのためには、彼が辞めれば引き起こされるであろう困難を利用するだけで、彼には十分である。そして各人が、自分の活動を秘密で取り囲み、自分の持つ情報や自分が体験的に開発したノウハウを不完全にしか伝達しないことによって、この困難さを増大させることに、利害関心を持つこともただちに理解される。この視角のもとで見れば、末端の事務員にしばしば見られる次のような行動がよりよく理解される。所与の管理機構が彼らに課す・作業課題のきわめて高度な専門化と細分化に対して、末端の事務員たちは、〔組織内部に〕細かい区画を作り、それらのあいだでコミュニケーションをしないこと——これはついには、いろいろな問題を引き起こすのであるが——によって、この専門化と細分化をより徹底させるという形で反応する。このような専門化は彼らを保護するものとなる。そしてまた事務所においても工場においても、多能化を導入しようとするとしばしばぶつかる諸困難は、この視角のもとで理解される。多能化が専門化を破壊し、各人をより容易に他の者に取り替え可能にしてしまう限りにおいて、それは実際しばしば——少なくとも短期的には——脅威として体験される。多能化は、専門化が各人に与えるに至った特殊な『熟練』を減少させる。

第二の型の不確実性は、組織とその環境とのあいだの多元的な関係のまわりに生まれる。後に示すように、どのような組織も、その環境とのあいだに、あるいはより的確に言えば、その諸環境とのあいだに、つながりを確立することなしには、存在しえない。組織は環境からその作動に必要な諸資源を取り出し、そこに自分が生み出したもの（それが物質的財であるかサービスであるかということはここでは重要でない）を送り出さなければならない。つまり、ある組織にとって、環境に存在する諸個人や諸集団やさらには他の諸組織の行動は、その作動に対する妨害の潜在的な源泉を、要するに、可能な限り統御することが必要な、主要で永続的な不確実性を、構成している。そして、成員のうちで、知識や多元的な所属や環境のあれこれの部分への関係という資本を持つ者は、少なくとも部分的には、この不確実性を減少させうるであろうから、まったく当然にも、組織の中で一定の勢力を所有するであろう。これはいわゆる＜境界領域＞の勢力、あるいは＜門番＞の勢力である。すなわちこれは、片足は門の内部に、片足は門の外に置くことによって複数の役割を担い、それゆえ不可欠な・仲介の役割を担う、人物の持つ勢力である。その例としては、出張販売代理人、購買担当者、さらにはストライキを開始するか否かを決めるにあたって決定的な重みを持つ・組合の責任者といったものがある。だが、それはまた、より一般的なしかたで、ある〔組織内の〕単位の責任者となっているすべての者の状況でもある。責任者にとっては、他の諸単位との関係と位階秩序との関係は、つねに不確実性を構成している。彼は不確実性の統御を、部下に対する交換力とすることができるが、彼を飛び越した直接交渉がなされないほど、よりよくそうできるのである。企業内において幹部の大部分は、この点について非常に大きな感受性を示すが、その理由は、ここで簡単に説明できる。

ある組織の成員が、諸特権や自分が占めている公式の地位を活発に利用することもまた、不確実性を生み出すからである。上述の不確実性の諸類型のうち最後の二つのものがこれにあたる。まず組織の中の＜コミュニケーションと情報の流れ＞を取り囲む不確実性を取り上げよう。

実際、コミュニケーションは中立的な過程ではない。他のどこにおいてよりも、これにかかわる行動は戦略的である。企業の中の情報の問題として重要なのは、〔情報〕収集費用ではなく、中立的情報が存在しないという事実である。情報は、諸関係の構造を通して形成されるのであり、そのような構造と切り離せない。そして情報はつねにその構造によって条件づけられ、さらには偏ったものにされている。すなわち、情報とコミュニケーションの流れを組織するしかたが、多元的な不確実性を生み出させるのである。かくして、ある責任者が適切に自分の課題を成し遂げるためには、彼は、組織の他の諸成員によって彼に伝達されるべき情報の総体を必要とするであろう。そしてさまざまな理由により、責任者が他の成員たちを飛び越え〔て直接に情報を得〕ることができないのだとすれば、後者は彼に対して無視できない勢力を持つであろう。なぜなら、彼らがこれらの情報を伝達するしかた（それは、さまざまな程度に修飾され、さまざまな程度の遅れをともない、さまざまな信頼度の総合化をともなっている等）は、彼自身の行為の能力を深く左右するであろう。これはいわゆる〈転轍手〉の勢力である。どのような規制をしてもなにもならないであろう。ただ、情報提供者たちにとっての他の適当な不確実性を統御することのみが、彼らに対する依存状態に対抗できる力を彼に与えうるであろう。先に分析した会計事務所の事例を思い出していただきたい。中間管理職は、まさに転轍手として、彼らの伝達する情報の性質によって、彼らの上司の行為能力を麻痺させるのである。

我々が提示したい最後の不確実性の型は、組織の〈規則と公式の所与の条件の利用〉に結びついている。そのもっともよい例は、規則の適用をめぐって起こる交渉と取り引きによって示される。規則とは、部下の側に同調的行動をさせるために上司が手中にしている手段である、ということは一般に認められている。規則は部下たちがしなければならないことを詳細に規定することによって、部下たちの自由な選択範囲を減少させ、それゆえ上司の勢力を増大させる。

しかし、別の分析をすることもできる。それによれば、規則が発揮する合理化を推進する効果は一方向的なものでないことが明らかになる。規則はたしかに部下の自由を制限するとしても、同様に上司の恣意の範囲も制限するのである。たとえば、上司は詳細に規定された状況の中でしか、もはや賞罰を与える権限を行使できない。同時に、規則は部下にとっての防衛の手段となる。部下は、彼らの上司の恣意に対して、規則の背後に逃げ込むことができるのである。そして彼らに規則を適用しようとする限り、上司は無防備なのである。職務がうまく遂行されるためには、通常は、規則によって定められた以上のことをする必要があるから、実際、上司は弱い立場にある。なぜなら規則が要求する以上のことを部下にさせるような手段はなにもないからである。

上司は、状況を立て直すために、どのようにすることができるだろうか。たいていの場合、彼は唯一の規則ではなく、複数の規則を手中にしている。彼は、部下が諸規則のうちのあるものに違反することを、ただたんに見逃すであろう。そのようにして、彼は部下に対して、脅しの手段を手に入れるであろう。彼の寛容を停止し、現存のあらゆる規則の厳格な適用を再び始めるぞという、脅しの圧力をかけることによって、彼は、彼の部下に特別な努力をしようという気持ちを、彼に必要と思える場所において、起こさせることができる。しかし、彼は、あまりにも遠くへは進めないことを知っている。なぜなら、その時には、部下が、規則を文字通りにすなわち一字一句その通りに解釈することにより、規則の背後に身を隠しながら、規則を彼に突きつけてくるだろう。

それゆえ規則は、まさに部下の行動についての不確実性を減少させながら、もう一つの不確実性を作り出すのである。それは、部下たちが上司の恣意に対する保護として、規則をどこまで採用するかを知るという点についての不確実性である。規則が授ける勢力は、規則が定める詳細な命令の中に存するよりもずっと多く、規則の適用が与える交渉と脅しのさまざまな可能性に存する。そして〈位階秩序の上での権力《プーヴォワール》〉、すなわち位階秩序の上での権威《オトリテ》が持っている〈勢力《プーヴォワール》〉とは、結局、諸規則と（公式諸構造）を創出し変革する可能性なのである。続いてそれらの規則と構造を基盤にして、権威は、規則の選択的な適用を『交渉しながら』、ゲームを展開することができるであろう。

〈このような方法で一つの組織を、勢力関係の観点から、および、解明されるべき不確実性の領域をめぐって組織の中で実際に展開される駆け引きの観点から、研究することによって、組織図に並存している勢力構造の全体を発見することができる。このようにして生み出されるものは、実際、第二の組織図とも言うべきものである。そしてそれは、組織の現実の作動と組織の中の諸個人や諸集団の行動にとって、より以上にとは言えないとしても、少なくとも同様に重要であり制約を課すものであろう。なぜなら、それぞれの主体の戦略が相互に方向づけられ形成されるのは、それ〔第二の組織図〕との関係においてであるからである。〉

次の例は、ミシェル・クロジエの調査から引用したものであるが、このことをよく示している。

ここで取り上げられているのは、はっきり見てとれるように、現実には稀にしか存在しないような極端な事例である。しかしそのことによって、この例は、より複雑な状況ではしばしば隠れている諸現象を、よりはっきりと明るみに出すという利点を持つ。

独占事業体の事例

ある分野で国営の独占事業を営んでいるフランスの大企業において、調査が行われた。国中に分散した三〇の事業所の中の諸工場で、この企業は、日常的に消費される一連の商品の大量生産を行っている。この企業は、これらの商品の製造をフランスにおいて独占的に行っている。この点をはっきりさせておくことは重要である。というのは、このことは環境が企業にとってきわめて安定しているゆえに、企業がそれをほとんど無視できることを意味しているからである。

以下の紹介は企業の全体に関係するものではない。企業の中心部である製造工場の作動のみを取り上げる。

1 工場の組織

工場の中には三種の職員が存在している。すなわち工場長、製造労働者、保守労働者である。どの職種も雇用については完全に保障されており、独自な身分と別々の採用ルートを持っている。

工場長はその肩書きにもかかわらず、むしろ工場における現場監督なのである。彼らが従事しているのは、工場生産の総体としての会計業務であって、彼らが関心を持つのは、個々の労働者、設備と補給、監督、原料の使用、さらには欠員が生じたときに労働者の持ち場を変更することである。彼らは要するに総括的な監督の役割を担っている。

彼らの指揮下にいる**製造労働者**は（各工場に六〇人から一二〇人いるが）大多数が女性である。熟練の水準は低く（彼らは民間企業における一般工（OS）に相当するであろう）、就いている職務によって二つの集団に分けられる。一方に機械の操縦係りがおり、他方に入荷係りと倉庫係りがいる。しかし二つの集団はまったく同じ職種に属しており、両者の間には一定の流動性が存在する。なぜなら、異なった職務への配置替えは、先任権の原則を適用することによってなされるからである。

最後の職種、すなわち**保守労働者**は（各工場に一二人ずついるが）、高度の熟練労働者であり、「職業適正証書」を持つ。工場において彼らは、位階秩序の上では、工場外部の技術者に依存しているにもかかわらず、固定的に配置されている。彼らの各々は生産を担う三台の機械について全責任を負っており、それらの機械を調整し、保守しなければならないし、小さな修理を行わなければならない（大きな修理は工場の外で行われる）。

以上の記述から浮かび上がる主要な特徴は、この三つの職種のあいだの明瞭な分離である。各々の役割は明確で、はっきりと切り離されており、他のものからきっぱりと区別され(15)、交替や協働さえもしない傾向がある。これらの役割の中間に立つ者はいない。要するに、どの職種にいる誰もが、一つの役割から他の役割へと、昇進することも望めなければ、降格することを心配することもない。

人々の関係が、このように固定的で非人格的であるという印象は、工場の技術的組織によって、さらに強められる。作業課題の合理化と専門化は大変推し進められている。科学的方法で確立された生産ノルマと、生産量に対する報償金が、製造過程を規制している。誰もが専門化しており、なにをどのようにすべきかを知っている。とりわけ、偶然にまかされたり、個人の恣意にゆだねられたりするものは工場の中にはなにもない。実際、非人格的な諸規則が、生じうるすべての問題に対して、解決策をあらかじめ用意しているのである。

たとえば、大変厳格な・先任権についての規則が、製造労働者のあいだでの職務の割り当てや、一つの職務から他のものへの配置転換の問題に対する解決策を、詳細に取り決めている。それゆえ、(病気や離職や機械の故障などで)欠員が生じた場合は、その職務は希望者の中で、等級上もっとも古参の人物にあてられるにちがいないと予見されるのである。そしてもし、希望者がいない場合は、工場の中で一番の新入りの者が、あてられるであろう。

あきらかに、これらの規則は、個人間にいかなる交渉の余地も残さないし、個人のいかなる恣意の余地も残さない。それゆえ原理的には、すべてが前もって予見され、誰もが自分の場所にいるのだから、緊張や紛争の起こる理由は存在しない。しかし、工場の中で起こっていることを近くから見るならば、またこの三つの集団のあいだに見られる主要な人間関係を分析するならば、まったく異なった結論が得られる。

2 諸集団のあいだの関係

以下に示す資料は、この独占事業体が持つパリ地域の三つの事業所においてなされた集中的な調査から、得られたものである。しかし、得られた結果を検証するために、フランス全土の事業所の三分の二について、浅く広い形でより短期間の調査が行われた。その調査からは、予想していたよりも差異は重要でなく、その上差異はすべて同じ方向を向くものであるという結果が出た。それゆえ、パリ地方の諸工場をこの独占事業体の『理念型』とみなすことができる。

＜a 製造労働者と工場長の関係＞

この関係は弱く、ほとんど価値あるものとみなされていない。製造労働者は工場長との関係に対して、感情的にも心理的にもまったくかかわっていない。たしかに彼らは、工場長が現実に重要であることを否定し、その幹部としての役割に対してあまり畏怖や尊敬を表さなかった。しかしその関係は全体としては良好で、殊に、厄介なことはなにもない。この関係の支配的な基調は双方の平穏さであるようにみえる。個人間には親しみがあり寛容な関係がある。なぜならば、製造労働者は究極的にはこの関係に大きな重要性を与えていないように見えるからであり、工場長も同様であるからである。

しかし不調和が一つある。事業所の管理部門が、自分の事業所には他所よりもすぐれた管理職が配属されていると考えているようなところでは、そして工場長たちが明らかにより若く高学歴であるところでは、労働者たちは人事計画の上で工場長により多く不満を持つのである。同様にそのような工場長は他の所よりも、より不満を感じている。

＜b　製造労働者と保守労働者の関係＞

逆に、この二つの集団の関係は、緊張し対立的な雰囲気によって特徴づけられている。ただしそれは表面化しがたいものであるが。

製造労働者はこの関係に心理的に深くかかわっているように見え、彼らと工場長との関係の中にむしろ見いだされると予想されるような、陰にこもった敵意の証拠を示している。彼らによると、二つの労働者集団が協調することはほんの少ししかない。例えば彼らは、「故障の場合、保守労働者は機械をすばやく修理するために工夫してくれますか」と質問されると、「保守労働者はできるかぎりのことをしている」と答えるのは彼らの三三%のみである。残りの者は強さはさまざまだが批判を口にする。

しかしこの緊張が公然と表面化したり、個人に向けられることはなかなかない。保守サービス一般を評価する場合、判断は明らかにつねにより厳しい。一般に「自分の同僚たちと保守労働者のあいだはうまくいっている」と考えるのは、製造労働者の五二パーセントしかないけれども、自分と組んでいる保守労働者との個人的関係について判断する場合には、このように答える率は八四パーセントに達する。また次の点にも注目すべきである。保守労働者と直接に接触している機械操縦係りは、故障が彼らの給与に影響するゆえにもっとも困るのは彼らであるにもかかわらず、逆説的なことに、保守労働者が故障を直す速さにたいして、より少ししか不平を述べていない。(16)

逆に、より少ししか影響されず関係も浅い入荷係りは、もっと多くの批判を示す。

保守労働者自身は製造労働者を『みずからの』従属者と見なし、ためらうことなく彼らの労働に頻繁に干渉した。保守労働者の彼らに対する意見は、強度の慈恵主義的特徴を持ち、工場長の意見にきわめて類似している。彼らは製造労働者を怠慢で、技術的必要を理解せず、十分に働かない連中と見なしている。

しかし彼らもまた、製造労働者との関係はむずかしいという意識を持っている。そしてその関係にもまた隠された緊張という性質が見られる。自分自身に関してそういうことを認めるのは、他の人々に関してよりもむずかしい。彼らのうち四分の三以上が、自分と組んでいる製造労働者とは『たいへんうまく、あるいは普通程度にうまくやっている』と考えているのに対し、彼らの同僚と製造労働者一般との間について聞かれたならば、『大変うまく、あるいは普通程度にうまくやっている』と答える者は五〇パーセントにまで下がってしまう。

＜c　保守労働者と工場長の関係＞

ここでは緊張が隠されていない。その関係は公然のものであり、敵対的である。それは工場における勢力をめぐって争い合う関係であり、双方に強い感情的な負担を課す。

保守労働者は工場長の能力を厳しく批判している。そして彼らのうちの半数近くは、工場長たちは無能であると率直に言明している。とりわけ、彼らによると、工場長たちは工場内でいかなる重要性も持っていない。

工場長たちも保守労働者に対して同様に批判的である。彼らの回答は、あまりに深く係わるのを時々ためらうかのごとく、若干当惑しているところがある。そのようなわけで、彼らの三分の一は保守労働者は無能であると言明しているが、他の三分の一は回答を拒否している。「保守労働者は、あなた自身が製造労働者に対して持っている権威を邪魔していますか」と問われると、工場長たちの回答はさらにもっと当惑したものとなる。「はい」と答えたのは一七パーセントのみであり、他の者は『場合による』という紋切り型の答えと回答拒否とに分かれた。

なお、保守労働者は工場長に対して攻撃的であればあるほど、彼らの労働と個人的状況により満足しているという事実には、注目してよい。逆に、工場長は自分の役割を受容しているほど、個人的状況により満足している。なおもっとも満足しているのは、製造労働者に対してもっとも親密な態度を示す工場長たちにほかならない。

3　工場内部の勢力構造

それゆえ真の工場長は、実際には保守労働者であるかのごとく見える。工場長と彼らの間で争われる勢力争いにおいて、つねに勝利者を出すのは彼らである。工場長たちは屈服せざるをえない。保守労働者たちがそのように『勝利する』のは、どのような理由ゆえであろうか。それはこの企業組織の中にこそ存するのである。実際この組織は極端に定型化されているので、予想外のあるいは予見しえない出来事といったものをほとんど存在せしめない。すべてが合理化されている。すべての可能性が原理的には考慮に入っている。ただ一つの事柄だけが——それは企業の運営にとって枢要なものなのであるが——この合理化の外側にある。それは故障に続いて生じる機械の停止と、そのことが引き起こすすべての帰結である。

機械が停止する可能性とそれを修理する必要性とは、この企業の中に存在する唯一の不確実性の源泉である。そこでは、他のあらゆる問題の解決は、きわめて詳細な規則の適用によって保障されている。ところで保守労働者だけが、この不確実性の源泉を支配し統制することができるのであり、彼らは、この点について対処しうるのは自分たちだけであるという状態を続けようとする。それゆえ彼らは、自分たちだけの利益になるように、それから生ずる勢力を独占しようとし、そしてそれに成功するのである。

このようなわけで、保守についてのすべての注意書きや機械についてのすべての設計図がなくなってしまっていることに、社会学者は後で気づくのである。すべては保守労働者の頭脳の中にあった。彼らは現場の体験的知識を伝え合っていた。保守労働者の中にきわめて強く見られる仲間意識は、彼らが独占している熟練を守ろうとすることの別の表現でしかない。普通の工場長よりも高度の技術上の知識を保持している一人の若い工場長が、故障した機械の修理を一緒にやろうとしたことから、公然たる紛争が生じてしまい、その結果はその工場長の離職であった。事業所当局は保守業務のすべてを背負い込むことはできなかった、あるいは望まなかったのである。(17)

工場の中のすべての勢力関係が再構造化されたのは、まさにこの主要な不確実性の源泉の支配をめぐってである。このことによって、位階体系を定めている組織図は、第二義的な位置に退いているのである。さらに現存する三つの集団が、彼らの行動と態度を合理的に適応させているのは、この勢力体系に対してである。

保守労働者の攻撃性はこのようにして説明される。たしかに彼らは実質的な勢力を保持している。しかし彼らは不安定な状態にある。なぜなら彼らの勢力は非正統的なものであり、権威の位階体系の中では承認されていないものだからである。彼らの工場長にたいする攻撃性は、修理に関する熟練の独占を守ろうとして用いる諸方法と結びついているものであるが、彼らの勢力に対して異議をはさむいかなる動きも防ぐために、工場長を遠ざけて無力な状態に置くのに、とりわけ役立つのである。

工場長自身はこの状況に対して対抗手段を持っていない。彼らは他の集団に影響を与える不確実性の源泉をなにも持っていないので、位階上彼らが持っている権威を現実に行使するいかなる手段も、実際には持っていない。(18)

この状況の中で、彼らにとってもっとも合理的な行動は、関与を最小にすること、無力な状態に対してあきらめ、それに係わろうとせず、それを甘受することである。彼らが、彼らの状況の諸条件を本当に変えることはできないだろうと知っている以上、別の態度をとるための心理的負担はあまりにも高すぎる。このように彼らの組織生活に対する参加は、真の関与のない『アパシー的参加』なのである。

最後に**製造労働者**は、保守労働者の善意に依存しており、そのことに直接にふりまわされる。保守労働者はあらゆる局面において彼らを支配しているのであり、労働組合においてさえも同様に指導者の供給源になっている。(19)

だから製造労働者は、また少なくとも表向きは、彼らとの良好な関係を守ることを大事にしている。しかし、同時にあいまいで遠回しのやりかたで、自分たちの抱く敵意を保守労働者に対して感じさせている。我々の観察したところによれば、保守労働者たちはとりわけそのことに気づいている。というのは、この視座において見れば、緊張にみち、紛争をはらみ、険しい雰囲気を保つことは、製造労働者が保守労働者に圧力をかけ、彼らの支配的な位置を濫用するのを妨げるために、製造労働者が持つ唯一の手段であることが、明らかになるからである。

〈三つの集団の戦略は、公式組織が非常にしばしば隠している・工場の中の現実の勢力構造との関係において、合理的に志向していることがわかる。〉

しかし、次のような異論を唱えることができよう。もし三つの職種相互の区分がもっと弱いものであれば、すなわちもし工場長や製造労働者が保守労働者になることができ、その逆も可能であれば、同様のゲームは決して起こらないであろう。たしかにその通りである。〔その場合は〕公式構造の重要性を否定することなど、決して問題にならない。公式の規定や規則が、対立し合う諸個人や諸集団がみずからの戦略を工夫するにあたって考慮しなければならず、考慮することをわきまえているような諸条件を構成する。しかしこれらの戦略は、組織の公式構造によっては間接的にしか定義されない勢力領域を中心として展開されるのである。

C　組織構造とゲームの規則——集合的行為からなる社会システムとしての組織

我々は今や、社会システムとしての組織をより総合的なやりかたで考察するのに必要な用具を手にしている。そのためにまず、論議の主要な段階をまとめてみよう。

組織の中の所与の状況は行為者を完全に拘束するものでは決してない。 行為者はつねに彼の行う行動に関して、自由な選択範囲と交渉の余地を保持している。ところで、この自由な選択範囲は、当該の行為者の行動が、他の成員がその役割を果たし目的を追求するのに際して影響する限りにおいて、組織の他の成員にとっては不確実性の源泉を構成する。それゆえ行為者があらゆる手段によって守ろうとする**自由な選択範囲**（他の者にとっては不確実性の源泉に等しい）**によって、行為者は他者に対する勢力を手にするのである**。彼が統御する不確実性の源泉が、他の成員のゲームをする能力に対してより実質的なしかたで影響すればするほど、その勢力はより大きなものとなるであろう。

そして個人的目的の追求において、行為者はまったく当然にも、組織内部で自分の得る利得を、諸制約や他者の行動について予測できることを考慮しながら合理的計算を通して、最大化するために、この勢力を使うであろう。**組織のあらゆる水準において、このように勢力関係と駆け引き関係を見いだすことができよう。**これらの関係を通して、組織成員たる諸個人や諸個人からなる集団は、自分の固有の目的をよりよく達成しうるように、できるだけ高価に自分の協力を他の者と取り引きできるような勢力布置を得ようとする。

同様のゲーム、同様の駆け引きは、総体としての組織とその異なる諸成員のあいだにも存在する。組織はその成員が参加を取り引き材料にしようとする企て――意識的かどうかは場合によってさまざまであるが――に対して防衛しなければならない。組織はそれを、成員たちに組織の固有の諸目的を最大限に内面化することよって、果たすのである。組織に対する忠誠を高めようとする『一家意識』の醸成や、『公的奉仕』とか『顧客への奉仕』とかの言葉の使用を、分析する必要があるのは、この文脈においてである。このようなすべての主題の固有の特質は次の点に存する。それは、組織成員の持つ勢力関係とその戦略的行動を不当なものとして拒絶すること、そして共通の『理想』を全成員に尊重させることによって、成員の行動についてのより高度の予測可能性を獲得することである。全体社会の水準における合意のイデオロギーに対応するものは、組織の水準における『一家意識』である。

　組織図や内部の規則、要するに公式の組織構造を形成するすべてのものは、この駆け引きの中で消失するわけではない。だがこのような視座において見れば、それは制約を課すような外枠となり、駆け引きが存在しうるのはその内部においてである。**集合的目的の追求のために必要な・組織に存在する諸制約〔contraintes〕は、ゲームの行為者を相互に結びつける勢力関係にとって、通過しなければならない関門となり、彼らの戦略の大部分を決定するのである。**あれこれの行為者の行動についての最小限の予測可能性が組織の中に再び導入されるのは、これらの諸制約を通してである。それなしには、組織は満足できるようなしかたでは作動しえないであろう。諸制約が発達することができ、ついには全員によって多かれ少なかれ受け入れられるのは、とりわけこのためである。他のあらゆるものよりもより深刻で致命的な不確実性の源泉が、すなわち組織の存続の可能性が全成員に課されるからである。

　ここで問題になっていることを理解するためには、あらゆる勢力関係——それが一方的な依存関係ではなく＜相互依存的なもの＞である限りにおいて——が持つ固有の限界に、ちょっとのあいだ立ち帰る必要がある。専門家の例を、もう一度取り上げてみよう。彼がものにしているノウハウのおかげで、彼は、他の行為者たちがぶつかっているある種の重要な問題を解決することができる。他の者たちは、彼の善意に依存しているので、彼はそれと交換に一定の報酬を、さらに場合によっては一定の特権を得ることができるだろう。しかし、彼がこの状況をうまく利用できるのは、〈一定の限界〉の中において、〈一定の条件〉の限りにおいてのことである。彼は、彼が専門家として取り組む諸問題を、少なくとも部分的には、効果的に解決しなければならないだろう。そうでない場合には、彼は他の者たちにとっての適切な相談相手であることを止め、他の者たちは、まったく当然にも、彼をより有能なもう一人の専門家に取り替えようとするだろう。もし彼が、自分の専門的判断をうまく利用し続けることを望むならば、他者たちの期待は彼にとっての制約条件となる。そこにはギブ・アンド・テイクがある。独占事業体の例を再び取り上げるならば、次のことが明らかである。たとえ機械の故障が、保守労働者の戦略にとって、本質的な交渉手段を構成しているとしても、保守についての信頼性を傷つけ、生産を完全に麻痺させるような恐れのある、あまりにも頻繁な故障は、そのこと自体によって、この不確実性を統御する保守労働者が勢力行使にかかわる戦略を展開する、あらゆる可能性をなくしてしまうであろう。極端に定式化すれば、そこから、保守労働者の直面する次のようなジレンマが出てくる。重大な不確実性が、故障が一掃されないほど十分に存在し、同時に生産を危うくするほど過剰にはならないようにするためには、どのように機械を保守したらよいだろうか。

要するに、勢力関係をうまく利用し続けるためには、——有利な立場にある者も他の者も含めて——すべての利害関係者にとって、この関係を維持することが、それにとって代わるものが見いだせない限りは、利益になるのである。そして彼らは、一定の数の『ゲームの規則』が各人の最低限の貢献をまさに定義するようになることを受け入れなければならない。そのような貢献がなければ、関係は中断されるだろう。

あらゆる勢力関係に固有のこれらの諸限界は、組織の水準に移されたならば、それに対応するものを、組織の存続と成功のために組織成員に負わされる諸限界の中に見いだす。成員たちが組織を離脱すると決心したのでない限り、彼らが組織への参加をうまく利用する可能性は、実際のところ、組織の存続を通して得られるのである。こういうわけで、組織の課す諸制約条件が具現化している諸規則——公式のものか非公式のものかはここでは重要でない——の総体が、最終的には、すべての参加者に負わされるのであり、それが、勢力をめぐる彼らの戦略を水路づけ、方向づけるに至るのである。

しかしこの組織の諸制約は、実際には先行する駆け引きの所産にほかならないのであり、それらの駆け引きを、いわば仮に集成したものである。諸制約はこのように力関係と一定の均衡を結晶化させている。この均衡は各人に、各人の目的と各人が使う手段を所与とすれば、原理的には最大の満足を引き出すことを可能にする。

それゆえ諸制約は中立的ではない。それらは、ゲームの参加者のある者を他の者よりも有利にするような勢力関係によって、浸透されている。そしてそれらは、そのようなゲーム参加者によって彼らの戦略を追求する際の道具や防壁として、利用されうるのである。それゆえ、それらを定め集成することは、組織成員間での勢力争いにおいて、つねに一つの紛争の場を構成するのである。

このようにして、組織の作動についてのずっと複雑なイメージが得られる。組織の作動は、組織成員を相互に対立させる戦略と勢力関係における均衡状態の結果として、とらえることができる。〈この均衡状態が今度は一定数のゲームの規則の中に具体化し、それがゲーム参加者の戦略と彼らが組織の中で互いに取り結ぶ関係を構造化する。これらのゲームの規則は、組織の諸制約の帰結であると同時に、組織内に存する勢力関係の体系の帰結なのである。規則はこの二つのものに分かちがたく結びついている。一つの組織が構成する集合的行為からなる社会システムの作動を理解することは、ただこの規則を通してのみ可能なのである〉。[20]

組織を変革しようとするときに一般に出会う諸困難は、このようにしてよりよく理解される。組織図を変えることや内部の規定を変革することは、実際には、図上のいくつかの区画や紙の上のいくつかの文章を変えることを、はるかに越えたことである。それは、組織内のさまざまな集団が保有する勢力を一定のやりかたで再分配しながら、均衡状態にある社会システムをひっくり返すことである。[21]そしてこのことによって、組織成員が持っている参加を取り引きする能力や、それゆえ究極的には期待されている役割を果たす能力に、きわめて直接的に影響を与えることができる。このことは、非常によく論議されている・変化のもたらす『心理的衝撃』よりもずっと重要である。

このことのもたらす結果は、しばしば時として克服しがたい（それでもやはり組織分析の前提が受け入れられるのであれば正当な）抵抗であろう。あるいは変化は、一般には予期されていない結果に向かって、しかし勢力の均衡や存在するゲームの規則と適合的な状態に向かって、ずれていくであろう。この点については立ち帰る必要があろう。

D　組織と環境――「外部との仲介者」の概念

ここまで我々は、組織があたかも制度的、社会的真空に存在するかのように議論してきた。我々は組織の『内的社会システム』を、あたかもそれ自身で存在する一つの閉じた宇宙として分析してきた。方法という観点からは、このようにすると、組織内部の作動を特徴づけている調整過程の総体を、我々がよりたやすく理解できるので、このやりかたは正当化される。(22)

しかし、今や現実についてのこのような単純化を乗り越えるべき時である。実際には、組織というものは決してそれだけで存在するものではない。組織は必ず『社会的機能』を果たしており、そして組織を取り囲む社会の期待にその機能が対応する限りにおいてしか、社会的機能を果たしえない。それゆえその使命を果たす際に、組織は必然的にまた定常的に、外部の社会集団と、あるいはより広くは組織にとって『適合的な環境』を構成するところの・社会の一定部分と、接触する。

これですべてではない。すでに我々が見たように、一人の個人は所与の組織への所属によって完全に定義されるものではない。彼の社会的役割は、彼が組織の中で演じる役割をはみ出してしまう。彼は、同じように忠誠を要求する他の諸集団にも参加している。彼は異なった社会的、文化的等々の世界に結びついている。そしてこれらすべての『外的』要因が、組織内部で彼が演じるゲームを部分的に条件づけるだろうということも明らかである。

それゆえ、組織と外部一般とのあいだには多数の定常的な相互干渉が存在する。そして組織の分析は、その研究領域から組織とその環境とのあいだに形成される諸関係の分析を除外することはできないのであり、さもなければ現実を過度に単純化することになる。なぜなら、この諸関係のメカニズムは、組織の社会システムの総体の作動に対して深く影響するからである。

1　組織が社会的機能を達成する際の環境との諸関係

ある組織の社会的機能、すなわちその使命は、まさにそれを取り巻く社会の課す要求あるいは期待に応えることである。(23) 組織が作られるのはそのためなのである。それを果たすためには、組織は先ず環境の中に資源、すなわち『インプット』を見いださなければならない。次に組織は提供すべき産出物、すなわち『アウトプット』を作り出す。**この二つの要請は、必要な諸資源も産**

出物も唯一ではなく、反対に多数あるから無限に細分されうるものであるが、それらをめぐって組織は環境と必然的に接触しなければならない。そして、これらの関係が組織にとっての絶対的必要性（それが存在する限り、組織はそれをまさにその作動のために必要とする）に応えるものである時には、それらは構造化され相対的に安定した網の目を形成するであろう。

当然思い浮かぶような例を、企業が提供する。実際、企業は製品を製造するために、人材や原料や現金や手腕や情報等の形での資源を必要とする。そしてその製品を販売するために、企業は顧客に接近することを可能にするような販売網に依存する。しかしその目的や使命がなんであれ、環境との関係の必要性はあらゆる組織に課されている。教育機関の例を取り上げることができよう。実際、教育された人間を『生み出す』ために必要な諸資源を動員することと、『教育される』者やそれらの人材を『利用しようとする』者が抱く・教育への『需要』を見いだすこととは、同じでない。これらの機能の各々が、問題の組織が活動場所としている環境の異なる諸部分と、異なった関係を持つことを必要とする。同様に、行政組織が、その役割を適切に果たすことができるためには、『自分の公衆』の中で、すなわち行政組織が相手にする社会的環境の一部分において、なにが起こっているかについて情報を得る必要がある。

このように組織というものはなんであれ、その環境に依存しているのである。このことは、組織分析の用語を使えば次のことを意味する。組織の環境は、組織にとってたんに必要なものであるだけではなく、また一つの脅威、その内的均衡にたいする潜在的な撹乱要因、要するに主要なそして不可避的な**不確実性の源泉**でもある。それゆえ、満足な作動をまさに保障するために、組織というものはあらゆる時点で、この不確実性の源泉を支配しなければならない。すなわち**環境を統制**しようとしなければならない。

まさにこのことが、環境とのあいだに必要とされるこれらの諸関係をめぐって勢力関係が再構成されることを、説明する。**組織内部の作動が**、その内部の諸個人や諸集団の行為の能力を厳密に制限し条件づけるような**勢力関係に基礎を置いているのと同様に、組織とその環境とのあいだのあらゆる交換も勢力関係を通してしか確立されえない。**

実際、環境が構成する不確実性の源泉を組織が統御することができるためには、組織はこの〔環境という〕抽象的空間を安定させ、それを特定の人物によって代表させなければならない。

組織はこのことをまず、その内部に〔対外的な〕さまざまな関係に専門化した諸職務を作り出し、それぞれの職務が組織にかかわりのある環境のさまざまな重要部分と関係を持つことによって、果たすのである。これが、環境が組織の内部構造に対しておよぼす、第一の影響である。これらの職務の責任を負う諸部門が本質的な使命として担うであろうことは、外部で生じていることを組織に知らせること、ならびに、組織がその目的を達成するのを可能にするほど量的にも質的にも十分な環境との諸関係を作り出し維持することである。

ところで自分の使命を達成しうるためには、これらのさまざまな部門は、環境の中でも自分が良好な関係を維持しなければならない、それぞれ別々の部分の、諸要求や諸問題やさらには気風にまで、ほとんど不可避的に同一化するようになるだろう。このことは組織に一つの困難な問題を提起する。なぜなら、このような部門の分化が環境との良好な関係を維持するために不可欠であるのと同様に、組織がその固有の目的を達成しうるためには、これらの部分的な貢献を十分に統合できることが必要だからである。

このことは、机上の理論では取り扱えないような・管理についての困難な問題を提起する。市場しか眼中にない販売部門の人々が、製造部門の人々の理解を得ることができず、その反対もそうであるというような企業のあらゆる事例を、我々は知っている。企業内の研究室は、これについてさらにより明白な事例を提供している。革新の能力を維持するためには、そこで働く研究者たちは科学者の作るコミュニティ一般と親密な関係を維持しなければならない。しかし同時に、彼らは企業の他の部門と絶えず接触することによって、実現不能な企画のみを考えることのないように、産業界の現実を十分に知らされなければならない。この問題の解決は容易ではない。これらのやや矛盾する二つの要請を和解させることができなかったという事例はたくさんある。容易にわかるように、そのことは環境との関係に固有の必然性に由来するものではない。純粋に内部の諸要因がまったく同様に重要な役割をそこで演じている。しかし、第一義的に重要な相互干渉は、環境と組織内部の作動とのあいだに見いだされうるのである。

だがこの相互干渉はずっと遠くにおよぶ。実際、環境との関係に対して専門化した職務を作り出すことは、第一歩にすぎない。なぜならこれらの部門がその役割を適切に果たしうるのは、すなわち問題の環境に影響を与えうるのは、**特別の外部との仲介者**のまわりに、相対的に安定し構造化された一定数の網の目を構築することを通してのみであり、そのような外部との仲介者がこれらの部門の行為にとって不可欠となるのである。(24)

この外部との仲介者の役割は二重である。一方で、組織によって対象とされた環境の一部分を代弁し、組織に環境の要請を報知し、それによって組織がなにを生み出すべきかの選択決定に貢献する。他方で、組織の代表者とともに、組織の生み出すものの普及についての一定数の規則を確立し、外部との仲介者が代弁している環境の一定部分にそれらの規則を尊重させるようにする。それゆえこれらの外部との仲介者は、**不確実性を縮減する**という役割を果たす。この役割が、組織に対する無視できない圧力という性質の勢力を、彼らに付与する。しかし同時に、彼らの勢力が、大部分は彼らの外部との仲介者という職能から生じている限りにおいて、彼らは組織に依存している。

〈それゆえ、総体としての組織とその外部との仲介者たちとのあいだには、（組織の専門化した諸部門を通して）交渉関係が築かれ、各主体がそこに自分の利益を見いだすような、相対的に安定し均衡している勢力関係のシステムが築かれるのである。この関係は、その安定性のゆえに、実際、組織の基礎的下位システムの一つを構成し、組織の作動にさまざまなしかたで直接的な影響を与えるのである。〉

まず、一つの組織が自分のために構成した外部との仲介者の網の目がどのような性質を持ち、どの程度〔環境を〕代弁しているかということが、組織の職務遂行と目的達成の能力を深く条件づけている。

次に、これら外部との仲介者との関係を統制することは、組織の存続にとっての主要な不確実性の源泉を統御することを可能にし、それができる人々あるいはその責任を負わされた人々に著しい勢力を付与する。組織内部のすべての勢力構造は、それに影響されるのである。

最後に、このことから、一つの組織の成員のあらゆる態度と行動は、環境との関係を貫く論理と環境との連結のありかたによって、深く影響されるのである。

それゆえ、ある組織がその環境、あるいはより適切に言えば、その諸々の環境とのあいだに維持している関係の体系の分析は、組織の作動の理解にとってまさしく基礎的な一局面を構成するのである。ある組織を形作る社会システムを特徴づけている輪郭と諸制約をことごとく把握しようとするならば、制度的な境界を踏み越え〔て組織の外に出〕なければならない。組織の**影響範囲**を知り、描写しようと試みる必要がある。すなわち、それは『組織の影響を受け・組織に反作用するかもしれない・すべての諸個人あるいは諸集団の特質とそれらの拡がっている範囲』である。さらに組織の弾力性を理解する必要がある。すなわちそれは『組織の影響範囲にいる人々を動員したり動員解除したりする』ために組織がどの程度、諸手段を保持しているかということである。(25)言い換えれば、それは、組織がその影響範囲を認識するために、そしてもし可能ならば統御するために、どのような諸手段を駆使できるかということである。

＜それゆえ、一つの組織は制度上のあるいは形式的な境界によって厳密に区画されているものでは決してないことが、わかるであろう。本来は組織の『成員』とは言えないある種の行為者たちは、組織とのあいだにきわめて定常的で・あからさまにまた暗黙のうちにはっきり『規制された』関係を形成するので、彼らと組織の正式の構成員とを区別するものは、実際にはもはやなにもない。それゆえ組織の周辺部は本質的に流動的で弾力的である。それは状況に応じて移動する。＞ある時には、組織は、その作動の中に環境の一部分を普通よりも緊密に取り込みながら、自分を拡大するであろう。ある時には逆に、組織は環境の諸部分を多かれ少なかれ全く外部に放置しながら、収縮するであろう。(26)

組織はその環境から分離されえないのであり、分離しようとすれば現実を極端に単純化したりさらには歪めることになる。組織が環境に作用するとともに、その反対の作用も働いている。以下の事例はジャン＝ピエール・ワームの行った調査からの引用であるが、このことをよく示している。(27)

県庁の事例

県庁は数多くの点において官僚制組織の諸特徴を示す組織である。それは、抽象的な規則集と儀礼主義と型にはまった仕事が確固として支配する、相対的に閉じた一つの宇宙として立ち現われるかもしれない。

しかし、フランスの行政体系におけるその位置からして、それは環境との関係が大変重要な役割を演じている組織なのである。環境と関係することなしに自分の課題を達成しうるような部門や部局は実際のところ存在しない。日常的に公務員によって使用される法律の条文や規則の大多数が、組織外部の諸個人や諸集団の行動に直接にかかわるものであることは、実際意味深い。**規則の『効力』は環境に対してもおよぶのである。**

それゆえ、組織が社会的機能を果たす際に、その環境とのあいだに形成する諸関係が、組織の構造や作動にどのような影響を与えているのか、ということを把握するためには、県庁は特別に興味深い事例である。

〈a　組織についての描写〉

職員は、比較的区画化された・階層的な諸職種に区分されている。

この全体を指揮するために、指揮系統は二つの職務、局長と部長を用意している。そしてすべてを統括する県庁執行部の構成員がいる。すなわち、知事、官房長、事務総長であり、官房長は一般に知事の対外関係についての職務を担当しており、事務総長は県庁の諸職務が首尾よく遂行されることに対して、より直接的に責任を負う。

県庁の『幹部職員』とそれを指揮する県『執行部』とのあいだには、ほとんど乗り越えられない溝がある。両者は異なる二つの社会的領域に所属しており、両者の典型的な経歴は似ていない。

かくして県庁の一職員にとって、県執行部の『一員になる』ことはほとんど不可能である。さらに両者のあいだには、県庁の内部においてさえ極端に少ししかコミュニケーションがない。明確で詳細な法律の条文が存在しているため、『課業』の性格はきわめて定型化されている。このことが、職員の高度の専門化を引き起こし、彼らは仕事をするにあたって相互に少ししか話し合わない。またそのことは同様に、職員の側に課業の遂行にあたって、儀礼主義的態度を引き起こしている。

そして職務遂行に際しての人々の雰囲気は、一般に生気のないものだが、頻繁に損なわれる傾向がある。事務所の雰囲気は嫉妬や個人的うわさ話等によって容易に堕落するのである。

〈b 環境との関係の特徴〉

県庁の公務員が業務を行うべき対象たる公衆は、多数おり、大変多様である。関係のある公務員の数は接触の頻度と同様に公衆の型によって変化する。この二つの基準を考慮すれば、県庁の業務遂行にもっとも介入する人々から、もっとも介入が少ない人々に至るまでの・公衆の諸類型を分類できる。

一 他の行政組織の公務員

二 区市町村の首長やそれらの行政事務官

三 (窓口にくる)『大衆』

四　県会議員

五　有力な政治家あるいは実業家

予想されるように、外部との接触は、県庁の職員の階層上のさまざまな地位に対して、等しく振り分けられているわけではない。上位の階層の者は下位の者よりも頻繁かつ多様な接触を持っており、とりわけもっとも影響力を持つ人々と接触するという・ほとんど特権ともいうべき機会を持っている。

一般に公務員たちは、環境との接触に関して両価的な態度を保持している。一方で彼らは、そこに行政を人間味のあるものにし、行政組織の行為をより効果的にする可能性を見いだすことによって、それを価値あるものと考える。しかし他方で、彼らはそれを不安を与えるものとして、県庁の内部の均衡に対する潜在的な攪乱者として考えているように見える。そこから不信、儀礼主義、規則の厳格な適用——なぜならすべての人は法の前に平等であるべきなのだから——へと向かう一般的な傾向が生じる。

いずれにせよ、彼らは公式には、知事の『政治的』機能をしりぞける。彼らは、知事の担う交渉と社会的利害調整の機能に対して、まったくの無理解を示す。しかしそのような機能は、彼らもよく知っていることだが、知事がその使命を遂行するにあたり、不可欠なのである。公務員たちのかかげる平等主義的な規範（誰でも法の前に平等である）と、その機能の課す要請を反映している・県庁執行部の文化的な規範（良識、ヒューマニズム、特殊な事例への注目、規則を緩和する姿勢等）とのあいだには、完全な矛盾が存在する。

＜c　環境との関係によってもたらされる諸変化＞

環境との関係を持たない人々、あるいは少ししか持たない人々の〔質問に対する〕回答と、環境と深く関係している人々との回答とを比較してみると、明確な差異が認められる。

まず、環境との接触が頻繁であるほど、環境との接触をますます求める。頻繁な接触は、公務員たちに、県庁に雇用されているというみずからの状況に関して、より悲観的で批判的な見かたを引き起こすように見えるにもかかわらず、このことは事実なのである。

さらに外部との頻繁な接触は、あらゆる領域に、より『官僚的』でない、より開かれた、より柔軟な行動をもたらしている。特に市町村の監督にあたって、小さな規則違反に対して許容する傾向が見られ、細かいことにこだわることが明らかに少なくなっている。そして、先に見たように、一般には激しく拒絶される・知事の果たす社会的交渉の機能に対しても、〔外部との接触が頻繁になるほど〕公務員たちは、より敵対的でなくなる。それでもやはり次のことは注目に値する。態度の厳格さが減少するのは、類型四、五の人々（すなわち一定の影響力を保持している人々）と接触している公務員よりも、類型一、二、三の人々と接触する者においてより著しいのである。(28)

しかし、外部と接触している公務員たちが彼らの仕事について提供する**記述**は、仕事に対する彼らの**態度**の次元に浮かび上がるものとは若干矛盾しているように見える。実際、彼らは、仕事においてなす必要のあることを命ずる、正確で詳細な文書が存在し、この文書を簡素化するのは不可能だという事実を、他の者たちよりもはっきりと強調する。同様に、一般論としては、彼らは、公務員たちが協力することやより多元的な能力を持つことに対して好意的な態度を示すが、彼らの仕事の領域については、彼らは一人で他の者と協力せずに仕事しているということを、他の者たちよりも強く言う。

最後に、知事との接触の欠如は職員によってひどく不満に思われているものの、公務員たちは外部と頻繁に接触すればするほど、県執行部との疎隔を甘受するように見え、彼らと知事との接触の欠如に不平を言うことが少なくなる。

＜d　環境との諸関係が組織におよぼす影響＞

若干逆説的なこれらの結果は当惑させるかもしれない。実際には、それらは、環境との諸関係が組織内部の勢力構造に与える大変深い影響の表現にほかならない。実際、これらの諸関係のもたらす主要な帰結は、県職員と県執行部とを隔てる溝を強化し、深化することであるように見える。このことは容易に理解されるであろう。

実際、県の平均的な職員の立場に、しばし我々の身を置いてみよう。彼の状況はどのようであろうか。我々が見たように、彼の仕事は、全国土にたいして効力のおよぶ極度に複雑なさまざまな諸規則を、自分が直面している具体的な状況と諸問題に適用することから成り立っている。しかし、これらの規則はあらゆる偶然性と生じうるあらゆる状況を考慮すべく作成されたものであるので、それらは必然的にあいまいで抽象的で非人格的であり、絶えず具体的状況に適応させるために解釈されることを必要とする。

環境と接触している・県庁の職員は、まさに自分の仕事を首尾よく果たそうとする配慮において、規則をたんに適用するだけでなく、さらにまた——ときにはとりわけ——それを解釈しなければならない。規則に手心を加え、地方の状況という文脈の中にそれを挿入できるようにしなければならない。公衆はそれをよく知っており、特殊な状況つまり個人的な事情を考慮させようとしながら、絶えず圧力をかけるであろう。個人的な事情は、あまりに抽象的な規則を柔軟に解釈するのに価するし、さらにはそれを必要とさえするのである。

そのような状況において、そしてしばしば自分より大きな社会的権威と勢力を持っている公衆に直面しながら環境と接触することは、県庁職員にとって、傷つきやすい経験、長期に続くのは不可能な経験であることがわかる。もしそうでないとすれば、その理由はそれを担う人々が自己防衛でき、さまざまな公衆に対して無力化しないような交渉手段を発見できたからである。

かくして、彼らを知事から隔てる溝を分析することが必要となる。彼らの防壁を構成し、必要な交渉手段を提供するのは、この断絶なのである。実際、もし彼ら職員にとって知事に近づけないのであれば、公衆にとっても同様である。満足を得るためには公衆は職員を経由しなければならない。職員の頭ごしに知事に直接話しかけることは、容易にはできないし、きわめて限定された条件のもとでしかできない。最終的には職員が決定するのである。

したがって彼らは、自分の勢力があらゆる形で拡大していることを誇示することができる。彼らのすべての戦略が目指しているのは、決定の全責任は彼らの上にこそかかっているということをよく理解させるために、この断絶をさらに強化することであろう。このように最終的な判定をみずから担うことを通してこそ、彼らは公衆に対して規則を解釈しながら柔軟性と思いやりを示すことができるのである。彼らはそのようなことを、彼らが適用しなければならない多数の規則を手近に置きながらなすのである。これらの規則は、彼らが規則から入手しうる自由の大きさを定めることによって、彼らの勢力を定義しているだけにますます、彼らは規則を大事にするのである。(29)

他方、知事も同様に、そこに利益を見いだす。彼はそこに自分の勢力を増大させ、彼の恣意の果たす社会的機能を正当化する一つの手段を見いだす。

実際、彼の勢力は規則を解釈することに、規則を個別の事例や状況に適用することに、さらには、より早く行政的障害を飛び越えるために、彼がある文書を援助するかどうかを受け入れたり拒絶したりできることの中に、存する。

平等に誰にも適用される規則の枠組み——その中に諸個人や諸集団の行動が押し込められようとするのである——が、より正確で厳格になればなるほど、ますます恣意の果たすこのような機能は本質的なものとなる。そしてこのことは、規則の枠組みを厳格に適用しようとする組織が存在する場合には、とりわけますますそうなるのである。

言い換えれば、知事が認めることのできる例外や『特別扱い』は、まさに『行政機構』自体が鈍重で非人格的で盲目であればあるほど、そしてそれが知事とさまざまな公衆とのあいだに効き目のあるフィルターと障壁を作り出せば出すほど、ますます貴重な——そしてまた正当な——ものになるであろう。

このようにして、県庁組織の主要な特徴の一つは、もし分析が組織の内部システムに限定されていたのならば、完全に逆機能的なものと見えたかもしれないが、環境との関係を考慮に入れるならば、まったく正当化され十分『正機能的』なものであることが明らかになるのである。[30][31]

そこから二つの補足的な考察が展開される。一方でそのような形での環境との関係は県庁組織の中に大変大きな硬直性をもたらす。これについての証拠は、県庁がその役割の一つとして、予測努力と結びついた・県の経済的な活性化と発展をはかる役割を担わされたときに示された。

この新しい機能を引き受けることは、大変活発な抵抗にぶつかった。実際、公務員たちが保有している資料は、規則の体系によって寸断されていた。各々の職員は規則の一定の部分をそれぞれ〔人々に〕尊重させなければならず、それとの関連で自分の権限や勢力を定めていた。それらを経済的発展の観点から変革するのを許すことは、彼らの大部分にとって、彼らが行使できる固有の統制力を失わせ、それゆえ彼らが手中にしている勢力の源泉を失わせることを意味したであろう。県庁組織は、専門化されたそして相対的に他の部門から切り離された小部局を構成することによってしか、それゆえ古い形態を再生産することによってしか、取り組むことができなかった。(32) この新しい仕事を受け入れた唯一の公務員は、大学教育を受けている若い補佐官〔attaché 行政組織の局長、部長クラスの補佐をする職員。一般に学士号あるいは修士号保持者である。〕のみであった。大学教育ゆえに、彼らは県庁の外で昇進の道を探すことが可能であった。これからの職歴についての彼らの計画は、必ずしも県庁組織の中に限定されていないので、彼らは新しく自分の仕事がこのように定義されるのを承認した。なぜなら彼らは、外部で高収入を得るような能力を増大させる可能性を、そこに見いだしたからである。このことゆえに、彼らは、古い規則集が彼らに提供している保護を放棄するという危険を冒すことができたのである。他の者にとっては、この危険はあまりにも重大すぎるものであったであろう。

二番目の注釈は、県庁がその環境とのあいだに作り出した関係の様式が環境自身に対して与える効果に関係している。実際、直接的な結果は、地方において『名望家』の位置のまわりに勢力が構造化されたことである。確かに、名望家はいつでも存在してきたし、存在し続けるであろう。しかし県庁組織は彼らの勢力の特質に、一つの本質的な次元すなわち知事に直接接近する能力を付け加えることによって、彼らの勢力と彼らの重要性を著しく強化している。

我々がすでに述べたように、鈍重で、細かいことにこだわり、非人格的な行政サービスが存在することが、知事の裁量の機能の重要性を増大させている。しかし同時にまた、知事のそばにいて仲介をすることができる人々は、知事とのあいだに彼らが保っている親密な関係に訴えようとするが、彼らの裁量の機能の重要性も増大するのである。このように県庁組織は名望家たちの網の目を紡ぎ出す。すなわち県庁組織は自己の環境を部分的には自分自身で構造化する。

ここでも前と同じように、問題になるのは学校流の仮説ではない。フランスの諸地方で行われる選挙を見たものは誰でも、次のことに気がついたであろう。そこでは有権者は候補者を評価する際に、彼らの固有の能力を基準にするのと同様に、知事に直接近づく能力と知事に影響を与える能力をも基準にしているのである(33)。

名望家が同時に、知事にとっての環境をよりよく統御することを可能にするような仲介者になればなるほど、知事自身はますます自発的に名望家の要求を受け入れる。このような仲間たちのあいだには、少しずつ極度に安定し均衡した関係の体系が形成され、その生み出す効果は保守化しやすいものである。なぜなら、両者はこの体系から勢力と資源を引き出しているので、この状態が変わることを誰も本当には望んでいないからである。このようにして名望家たちは、県庁制度自身のもっともすぐれた城壁になるのである。

県庁の事例は特に印象的である。しかしそれが明るみに出したメカニズムは、より一般性のある射程を持っている。

〈環境に対する関係を構造化すると、必ず組織内の作動に対して深い反作用がある。組織の内部においては、一定の個人や集団にとって、そのような構造化が勢力の源泉となるのである。このことから、そしてまったく当然にも、彼らは環境との関係の構造化を好むであろう(34)。それゆえ環境に対する関係は、厳格性を補うような要素を構成しうる。最後に、この多元的な関係は一方向的なものではない。それを通して組織は環境によって加工されながら、環境を加工するのである。あらゆる勢力関係におけるのと同様に、そこでの効果は相互的である。＞

2　環境が組織に与える間接的な影響

組織が適合的な環境とのあいだに織りなす、構造化され総体的に安定した関係の体系を越えて、同様に重要な、間接的な諸影響が存在する。今やそれについて若干、言及することが必要である。

我々はいまや、一つの組織は抽象的に存在するものではないということを知っている。組織は一つの所与の社会の部分をなしているが、社会は技術的、経済的、社会的な一定の発展水準に到達しており、一定の社会構造によって特徴づけられ、その成員が特別に結びついている、一定の諸価値を担っている。

このような諸条件を組織は捨象することはできない。実際、組織は、その目的を達成するために必要な本質的な一つの資源、すなわち人間を、その環境から手に入れる。ところで、組織が採用する諸個人はなんの特性もない存在ではない。反対に彼らは全体社会の中でそれ以前にどんな経験をし、どんなありかたをしたかということによって特徴づけられている。彼らが組織の中でどのように生きていくだろうかということは、そのことに深く影響されるだろう。このような経路を通って、社会環境一般が組織の中に入り込んでくるが、それには複数の水準がある。

まず我々は、個人が組織への所属によって完全に規定されるものでは決してないことを、何回も繰り返し強調してきた。組織の中で諸個人の役割は、彼らが社会の中で担っている多数の役割の一つでしかないであろう。彼らがそれらさまざまな役割に付与している重要性は、彼らの個人的な〔生活〕設計の関数であろう。たとえば彼らは組織の中でまったく受動的な役割を選び、最小限のことしかしないかもしれない。そして彼らは家族のために、あるいは自分が加入し優先的に自分の資源を注ぎ込もうと決めているアマチュアの劇団のために、献身するかもしれない。

要するに、外部での彼らの社会的役割が、代わりの可能性を提供したり、あるいは組織内部での彼らのゲームを深く条件づける実質的な諸制約を彼らに対して構成するであろう。組織はこのような現象に対しては対応するすべを相対的に持たない。たしかに、組織はその成員を『動機づけ』、組織に対する『忠誠』を高め、『一家意識』を醸成するように努めることはできよう。しかし基本的には、これらの現象が組織の作動に対してのしかかる大変深刻な制約を構成しうるにもかかわらず、組織はそれに対してなにもできない。

このようなわけで、一九六八年五月—六月の事件〔フランスにおける大規模なゼネストと異議申し立て運動。五月革命とも言われる。〕のときのある企業におけるストライキの展開について・ダニエル・ケルゴーによって行われた調査に示されているように(35)、労働者集団の行動は、企業外部のこれらの条件に注目しなければ説明されえなかったのである。

この調査が取り上げたのは、フランス人社員の指揮下にある外国人労働者であった。組合の組織率は極端に高かった。労働者のほとんど全員が二つの組合のどちらかに参加していた。ところで、ストライキのあいだに、労働者は明確な二つの集団にほぼ別れてしまった。第一の集団はストライキに積極的に参加し、ほとんどすべての過程にわたって、ストの実行を押しつけ統制した。しかし二番目の集団は、完全に引き下がっていたとは言えないまでも、大きな受動性を示した。

どのような組織上の条件もこのような行動のちがいを説明できなかった。反対に、組織外の状況を、とりわけ労働者の個人的生活設計を考慮に入れるならば、このことは容易に理解されたのである。ストに積極的に参加した人々はみな、フランスに定住し彼らの人生をやりなおそうと計画していた。逆に第二の集団は、お金を稼ぐという限定された目的を持ってフランスにきている人々から成り立っており、彼らはさまざまな期限を限って将来は、母国に帰るつもりであった。彼らは母国を最終的に離れるという意図を、決して持っていなかった。

もし組織の成員が、このように（彼らの性格や価値観や生活設計などの）個人的特性の平面で異なっているならば、より集合的な平面においても同様に、彼らは分化する。社会において、諸個人は横並びになっているのではない。社会自身が、社会階級という形で位階的に構造化されているのである。これらの階級がたとえ細分され、分化し、流動的であるとしても、階級が存在することが、それに属する人々の行動を深く条件づけていることに変わりはないのである。

まず、諸階級は威信と勢力のある等級に対応しており、それが異なる階級の所属者を相互に隔てているのである。それゆえこの等級は、それぞれの戦略を追求する際に相互に駆使するような（文化的、物質的等々の）諸手段について、基本的な不平等関係を導入する。

次に、階級はとりわけ、重要な連帯関係の網の目を構成している。(36) このことから、階級は、価値と規範との担い手である。それらの価値と規範は、階級成員が現実について持つ認識を深く規定するのであり、それゆえ組織におけるのと同じように全体社会における自分たちの状況の中で、彼らがどのように生きるのかを深く規定するのである。

階級はこのように真正の下位文化を生み出すが、これら下位文化のあいだでは同一の基本的態度や文化的特徴が共有されておらず、我々の日常生活が教えてくれるように、コミュニケーションは不可能ではないにしても困難である。

組織の中のあらゆる人間関係の体系はこれに左右されている。実際、どのような社会的カテゴリーに属しているかによって、諸個人は、同一の紛争状態や従属状況——それが組織生活全体の基本条件を構成しているのであるが——の中でも、まったく異なったしかたで生きるであろう。そして諸個人は安全、個人的自律性、平等などの目的に多かれ少なかれ重要性を付与するであろう。このように一つの組織の内部での諸々の真正の下位文化が対立し、それぞれの持つ異なった規範や価値が従業員のあいだの関係や指令関係のありかたに対して、要するに人間関係の体系を特徴づけるすべての与件に対してかかわってくるのである。

たしかに、諸下位文化やこれらの差異のあいだでの対立は、組織の内部にもとのままの形ではね返るわけではない。組織研究の利点と組織研究が正当化される理由は、組織内部の個人の行為が、これらの巨視的で相対的におおまかな要因に還元されないという事実に、まさに存するのである。たしかに、組織現象は、組織内部の社会体系に固有の論理を分析するのでなければ理解できないような多数の歪みを、そこに導入する。しかし同時に、組織は固有の社会構造と勢力構造を備えた所与の社会の中に存在していること、そして必然的に両者のあいだには干渉作用が存在することを、思い起こすのはよいことである(37)。

最後に、さらに包括的な水準では、組織は技術的・経済的・社会的・文化的諸条件から、要するに組織が所属している社会の一般的文脈から、分離されえない。一つの社会が到達した技術的・経済的発展段階に関係しているすべてのことに関して、このことは自明である。企業組織とその作動は、生産力の低い社会における場合と、財やサービスが豊富に生産されている社会とでは、——企業だけを論じるならば——同じではない。

国境がしだいに開放され、ますます強くなる競争の圧力が侵入することによって、フランスの企業に対して、——そして企業に対してだけでなく——もたらされた深い変動を思い浮かべれば、このことは明らかである。

同様に、ある社会の一般的な教育水準が上昇することは、組織に対して深い影響を与える。なぜならこのことは、統率にかかわる諸条件を変えるからである。より高度の教育を受けた者はより多くの交渉手段を持ち、自分が参加するかどうかについて、より強硬に交渉するであろう。以前と同じやりかたで彼らを統率することはできない。統率にかかわる領域において、フランスの組織が体験している大変現実的な諸困難が、これについての証拠を提供している。

最後に組織は、それが結びついている民族文化の実体に応じて、異なった諸特徴を示す。問題はどこでも基本的には同一である。つまり、一つの目的を達成するために、組織化された総体の内部で、たとえ矛盾しないまでも多様な戦略を追求している諸個人や諸集団を協働させることである。しかし、それぞれの民族は、その固有の歴史、伝統、基本的な信念と価値を考慮に入れながら、これらの諸条件に適合的な独自のやりかたを作り出してきた(38)。

このように組織は、絶えずそして多様な形でその環境に従属している。そして環境が被る変動はつねに組織にはね返り、獲得されている均衡状態を、再び問題のあるものにしてしまう。それゆえ、我々の時代のように社会変動のリズムが加速しつつある時代においては、環境は組織に対して永続的な挑戦を提供するのである。

E　組織の条件適応性

本章の終わりにあたって、我々が採用してきた思考方法の中心をなす方針を際立たせるために、少々距離をとってみることが有益であろう。

本章の中で我々が展開してきたような組織分析の特徴は、一方における労働上の諸地位を組織化した技術的体系〔という組織把握のしかた〕と、他方における企業内で展開する人間関係の体系〔という組織像〕とを対置しようとする、伝統的な二分法を、乗り越えようとする点にある。

実際、我々の分析は、両者の関係がどうなっているのかという問題を提起し、それを直接分析しようとしている。

これを果たすために、我々の分析は勢力関係に基礎を置いた社会システムとして、組織を考察する。この勢力関係は、労働組織の諸構造のまわりに、そしてそれに関連して展開し、また固有の論理を持っているのであって、その論理は、すべての組織参加者に課されるような一つの技術的・経済的合理性の論理には還元されない。

それゆえ、組織図、内部規則集といったもの、要するに組織の公式構造を構成するすべてのものは、組織社会学にとっては、ある所与の時点で企業の諸機能（すなわち、作業課題の位階構造や指揮系統やコミュニケーション回路）を、投影したものにすぎないのである。そのようなものである限り、公式構造は、その時点のすべての諸制約を考慮に入れながら、企業の合理性を表現しているのである。

しかし、それが唯一の合理性であるわけではない。公式構造によって固定された枠組みの中で、自由で合理的な人間たちが、個人的にあるいは集団的に、固有の利益と目的を追求する。それゆえ、組織の公式目的と、それを構成するすべての成員が目指しているものとのあいだに、絶対的な一致を作り出そうと願うのは、幻想である。両者は決して一致しない。

このことの直接の帰結は、組織がたとえ矛盾しないとしても、多かれ少なかれ多様な諸利害のあいだのたえざる対立の場になるということである。そこでは、労働をめぐる状況が、他の者を従わせるような手段を、ある者たちにどのように提供しているのかを、把握することが重要である。

このように（コミュニケーション回路の中での位置、位階秩序の中での位置、技術的困難さにたいする能力といった）組織内の諸条件は、（重要な顧客との関係の統制、家族とのあるいは学校との関係、人々が受けている教育などの）環境との関係と同様に、組織の中の誰かに、全体の中の他の仲間たちを犠牲にしながら、自分の目的を達成するような勢力を与える諸要素として分析されなければならない。

このように、組織の総体としての作動過程は、勢力と取り引きをめぐってその成員たちが到達するような諸々の均衡状態に規定されているだろう。

〈このように、組織分析は組織についての一つの見解に到達するが、それは「科学的管理法」や、『人間関係』学派の運動が到達したものに比べると、一つの見かたを絶対化することがはるかに少ない。実際、組織は——皮相な分析がそう考えさせるような——不可解なものではない。組織は、一定の目的を達成するという観点からの可能な限り最善の方法で使用しうる諸手段を組み合わせるという・唯一の合理性を表現するものではない。逆に組織とは、多様なしかし対等に正当性を持ついくつかの合理性のあいだでの妥協点の追求の末に、あるいはそれらのあいだでのさまざまな取り引きの末に、到達した結果なのである。〉

それゆえ最終的に人々が到達した均衡点が、可能なかぎりの最良の解決策を表しているわけではない。それは理念の世界にしか存在しない。しかし、それはある時点の諸制約を所与とした場合、あらゆる参加者にとって可能な限りもっとも悪くない解決策なのである。**それゆえ組織は条件適応的なのである。**

第三章　組織論的アプローチを使ってのいくつかの問題の検討

ある知的な思考方法が正当化されるかどうかは、我々が日常的に身近に経験している現実を理解させる能力を、それが持っているかどうかにかかっている。それゆえ、本章において、我々は、組織の作動過程において一般に提出されるような一定数の実践的、現実的諸問題を取り上げ、組織論的アプローチを使いながら新しいやりかたで、それらを解明してみよう。

これまでの章を手がかりとしながら、組織のさまざまな類型が発展したり維持されたりする条件を、それらが果たしている潜在的機能を問いつつ、研究することから始めよう。「フランス式官僚制」の事例が、我々にそのための有用な例証を提供するであろう。次に、我々は、組織された人々の総体の中で行われる意志決定が突き当たる諸問題に触れてみよう。この章の第三番目の〔Cの〕部分においては、組織生活への個人の参加によって提出される諸問題の分析を扱ってみよう。最後に、組織の変化の可能性について研究することによって本章を終えたい。

A　組織の潜在的機能――フランス式官僚制の問題

1　組織の諸類型の発展と維持

組織は条件適応的である。**人々の活動を組織化する唯一のやりかたといったものは存在せず、無限に多様なやりかたが可能である。**きわめて集権化された組織も見いだされるであろうし、反対に大幅な責任の委譲が行われている組織も存在する。各々の役割が厳密に規定されている組織もあれば、公式構造があいまいな組織もある。

このように組織化の様式が多様だということは少しも驚くにあたらない。その多様性は、まったく単純にさまざまな組織が果たしている社会的機能の多様性、諸組織がその目的を達成しうるためには免れえないさまざまな制約とに、対応しているのである。さらに組織は、これら諸制約の変化に絶えず適応せざるをえない。

組織類型は、第一に、**生産技術と使用されている技術体系の課す要請の関数である。**極端な例を取り上げてみよう。明らかに、自動車工場と産業研究所とが同じ形で組織されたり作動することはないであろう。

さらに、組織類型は組織の行動の舞台となるところの**社会的、経済的環境の全般的状態**に依存するであろう。すこし前に述べた例をまた取り上げてみよう。企業組織のありかたは、企業が貧しい経済の中に存在するのか、比較的豊かな経済の中に位置しているのかに応じて、異なったものになるであろう。そのことは企業の一般的な諸機能（生産、販売、経理、人事など）についても同様である。

採用される組織類型は、このようにして、必然的に一定数の・技術的、経済的なまた社会的な諸制約を考慮せねばならないのである。従って、観察されうるさまざまな組織類型を発展させたり維持したりする原因となっている諸要因の作用をよりよく理解するためには、このような組織類型と諸制約との相互依存を分析することが必要である。

このようなわけで、経験的研究においては、さまざまな企業によって採用されている組織化の形態と、企業が使用している・工学およびより一般的には技術体系に固有の要請とのあいだに存在する関係を、研究し測定することが熱心に行われたのである[39]。他の人々は、経済的、社会的環境の一般的状態が、企業において制度化されている組織類型に対して、どのような効果を与えるかを解明し――測定し――ようとしてきた。この場合、一般的な仮説は次のようなものである。あらゆる所与の条件の再検討が絶えず必要とされるような・揺れ動く環境から伝えられる諸要請と諸制約を前にすると、企業は、破滅したくなければ、安定的で、認識し統御することが容易な環境に直面している場合とは異なった組織化の様式を、採用しなければならない[40]。

一般的な水準では、そのような問題設定とそのような仮説の正当性は疑いえない。そしてこのような視角によって導かれた研究は、ある組織の総体的な作動における一定数の要因の果たしている役割について詳細な知識をもたらすことによって、きわめて刺激的な結論を得ることを可能ならしめる。

しかし、これらの結論は部分的なものにとどまっており、それらの説明力は弱くて、もろいものである。[41] このことは、たとえば、一方で企業の持つ技術体系と他方で企業が構成する社会システムとのあいだに、いかなる関係もなかったなどということを意味するのではない。そのように言うことははばかげている。なぜなら周知のように、製造技術における変動あるいは新しい技術の導入は、企業の社会システムの構造化に対して深い影響をおよぼさずにはいられないからである。そのような変化はつねに企業内部における交渉手段の再配分を意味するのであり、旧来の諸能力が時代遅れのものとなる一方で、反対に他の諸能力が、それらのみ新しい技術等々を支配するのを可能にするという理由で、その後は中心的な位置を占めるようになる。それゆえこれらの変化は、つねに企業内部の勢力構造に、そしてそれゆえその社会システムに、激変を引き起こす。[42] ある組織の環境における変化についても同様の認識をすべきである。それは多少とも長期間で見れば、当然、つねに、組織の社会システムに干渉するものとなろう。

しかし、だからといって逆の極端な見かたにおちいってはならない。すなわち、組織化の様式を、技術的制約あるいは環境からの要請に対する対応として、あるいはこの両者に対する対応として見る見かたである。それでは、現実の複雑性は過度に単純なものに還元され、組織に固有の諸要素の役割が無視されてしまう。前述の研究の結果は、そのことをよく示している。極端な場合には、それらは出発点の中心的仮説を否定するだけにいっそう刺激的である、とさえ言うことができよう。

このようにして、バーンズとストーカーは、組織モデルの二つの理念型を引き出すに至った。それぞれの型は、企業が位置している経済的、社会的環境の一定の状態――それは企業の目的に対応したものだが――に対して、特に適応しているのである。

一方でこの著者たちは、彼らが組織の≪**機械的モデル**≫〔modèle mécanique〕と呼ぶものを記述している。それは次のような特徴を持つ。

――組織図は大変精密で固定的であり、組織図の提供する非人格的規則は各参加者の役割と機能を細かく規定している。

――比較的定型化された作業課題を果たす諸主体のあいだでの、コミュニケーションは(垂直的方向でも水平的方向でも)大変弱い。

――最後に、位階秩序の頂点に決定権限が大変強度に集中化しており、日常的な定型的業務に入らないあらゆる決定はそこに持ち込まれるのである。(43)

他方で、彼らは組織の≪**有機的モデル**≫〔modèle organique〕を提示している。先に示した主要な次元に即せば、この型は≪機械的モデル≫のある種の対極である。それゆえ、そこでは組織図はほとんど明示されておらず、さまざまな参加者は現実に要求されているものがなんであるのかに関して、あいまいで不確実な状態に置かれている。より複雑でより少ししか規定されていない作業課題を遂行する諸主体のあいだのコミュニケーションは——垂直的なものも水平的なものも——そこでは、大変発達している。そこでは位階秩序は厳密に最小限のものに縮小されている。最後に、そこでは、決定権限がさまざまな水準の地位に大幅に委譲されており、それゆえ、全体の運営にとっての重要な決定が、組織の中の多様なそして比較的低い地点で、しばしばなされうるのである。

この著者たちは次の事実を認めている。第一の型は、かなり安定的な環境において、とりわけ現われるのであり、そのような環境では技術革新は弱く、市場は事前に知られている規則的な運動に従っている。これに対し、第二の型は、変化の激しい環境で仕事をする企業に現われてくるものであり、そのような環境では、技術および製品における革新が高い率で起こり、市場は絶えず変動しており競争が激しい。(44)

しかし、彼らの研究の主要な関心は、一般的な射程を持ったこのような認識のかなたに存する。実際、彼らは、このような対応は絶対的なものでも自動的なものでもないことを認識している。環境における変化が、ある組織の組織構造や作動の様式の中に、予想されたような修正を引き起こさなかったという、たくさんの事例がある。さらに、機械的モデル〔の特質〕が強まり、そのあらゆる諸特徴が強化されているような組織さえ見られるのである。そしてこのことは、組織の環境を以前よりもずっと不安定に不規則にしながら、環境を激変させるような大変重要な変動にもかかわらず、――あるいはおそらくそのような変動ゆえに――生ずるのである。『たしかに、そのような展開は、組織がその環境に対して保持しうる自律性に、密接に依存するであろう。自律性が重要でなくなるほど、そのような展開が生ずる機会は少なくなるであろう。とりわけ、それはより短いあいだしか続きえないであろう。しかし、どうあっても、操作の領域は存続する。組織化の様式は一定の自律性を保持している。そうである以上は、その自律性の源泉と理由を問わねばならない。』

まず、環境の影響の大部分は組織に直接には作用しない。諸影響が組織内部で感受されうるのは、組織のさまざまな職務を担っている人々を通過することによってのみである。それゆえ、諸影響は組織の基礎となっている人間関係のシステムによって**媒介されている**のである。

我々がすでに示したように、この人間関係のシステムは組織の論理には還元できない固有の論理に従うものである。それは均衡状態にある勢力関係の総体から構成されている。その均衡状態は、さまざまな関与者が多様な利害を追求する中から到達したものであり、彼らのそれぞれに、個人的目的との関係で利得を最大にすることを可能にするものである。

それゆえ組織モデル(45)は、均衡しているこのシステムの不可分の一部をなしているのであり、それに依存するものなのである。なぜなら、このシステムを構成している諸個人や諸集団は、彼らが占めている職務に応じて、彼らが統御している勢力の源泉に応じて、まったく当然にも次のように行動するであろう。すなわち、環境から組織にもたらされる要請が、組織内部の交渉における彼らの地位を脅かすことが極力ないようにすることである。彼らは外部からくるあらゆる情報や刺激を、彼らにとっての利益という方向で、防いだり、迂回させたりするであろう。組織が変わりうるのは、そのような行動の・逆機能的で打撃を与える効果が、もはや回避も隠蔽もできないだろうという時のみである。組織モデルとその環境の状態とのあいだに作られうる距離の第一の理由が、ここにある。

しかし、さらに次のことが言える。実際、もし企業の社会システムが均衡状態にあるのであれば、その理由は、すべての参加者が、状況を所与とすればそこから原理的には最大の水準の満足を引き出しているからであり、そして、相互の交渉手段を考慮に入れると、それぞれの者が、不都合を埋め合わせるのに十分な利益を見いだしているからである。

組織化の様式は、環境の課す制約に対する応答と見なされうるし、見なされるべきである。それと同様に、組織化の様式は、それが関与し影響を与える諸個人や諸集団の抱える多かれ少なかれ意識された《必要》や《要求》に対する応答を構成していることを認めるべきである。異なった構造は、諸個人や諸集団の側での同じゲームを許容しない。そのような構造は、諸個人や諸集団が担っており・またそれらの戦略を加工するところの要請を満たすことも許さない。

少し前に示した二つの組織モデルの例を取り上げてみよう。精密で、詳細な組織図は明らかに諸個人にとっての制限となる。彼らにとって、組織図が規定している活動領域を乗り越えることや、自分のために価値を生み出すイニシアチブをとることは不可能である。組織図は彼らを、精密に限定された作業課題を定型的に果たすことの中に閉じ込めている。しかしそれは同時に、諸個人にとって、重要で、きわめてよく安全を保障する防壁なのである。なぜなら、それは、彼らが『規定にかなっている』ことを、期待されていることを果たしていることを、つねに彼らに保障するからである。

組織図がほとんど明示されていない時には、まったくちがった状態になる。それぞれの職務をめぐって残っている不明確さやあいまいさを前にして、たしかに諸個人はイニシアチブをとることや、自分の真価を発揮することや、自分が望むのなら危険を冒すことに関してより自由である。しかし同時にそのような状況が課す心理的な代価は大変高い。なぜなら個人は自分の役割を遂行するにあたって、ほんの少ししか支点を見いださないからである。彼にとって、自分の行為のしかたが正しいのかどうかを前もって判断するのは、大変困難である。逆に、彼は彼の行為の結果によって処遇されるであろう。しかし、彼は、前の場合よりもずっと強く個人的責任を負っているのである。そして失敗はより耐えがたいものとなる。

諸個人や諸集団は、第二の型〔の組織〕が課す安全でない状態よりも、第一の型が提供する安全性を、たやすく選好するかもしれない。その理由は、純粋に心理的なものではまずなく、彼らに課されている物質的、社会的、文化的等々の諸制約[46]から生ずるのである。**機械的モデルの独特の諸特質は、彼らに対して一定数の潜在的機能を満たしているのである。この組織化の様式は、このように諸個人に一定数の利点を見いだすことを許しているが、そのような利点をみずからの公**

式の・そして承認された諸目的の一部にはしていないのである。その利点は、彼ら固有の状況においては、彼らにとって、この型がもたらす不都合よりも大切であるように見えるのである。

だがそれゆえに、参加者は、これらの利点を彼らに提供する・組織の諸特質を特別に大切にするであろう。それゆえ彼らは、それらを変えようとする・さらには廃止しようとするあらゆる企てに抵抗するだろう。(47) そしてこれらの諸特質が、みずからが生み出す効果を是正し合うのではなく――それらが作り出している〔組織〕作動上の諸困難によって――相互に強化し合うのであれば、一つの組織化の様式が、それが環境に適応していた時点を越えて存続するのが見られることになる。

ある組織が自分を構造化し、自分の作動を規制するやりかたは、このようにつねに、それを構成する諸個人や諸集団が担う期待や要請や基本的価値に対する応答を通して発展する。そしてこれらの《人間的制約》の圧力は、環境が安定的であればあるほど、そして問題の組織が環境に対して自律的であればあるほど、強いものとなるであろう。

次に示す例はこのような事例を扱っている。問題の組織は、いわば環境と無関係なのであり、環境は組織に対していかなる重要な不確実性の源泉も提出しない。(48) しかし、それゆえに記述された現象が誇張され、さらには戯画的に見えるかもしれないけれども、これらの現象は普遍的な傾向を表しているのである。実際、そのような特徴の痕跡は、フランスの組織の大部分において、もちろん行政組織をはじめさらに私企業においても見いだされるであろう。それゆえこの型は

『フランス式官僚制』と呼ばれるのである。

フランス式官僚制の事例

今述べたことを我々に例証してくれるのは、再び独占事業体の事例である。実際、その総体としての組織体系（今度は、その工場はその一部分でしかない）は、フランス式官僚制モデルの独特の全特徴を合わせ持っている(49)。

＜a　組織の諸特徴＞

非人格的な規則の支配が、この型の組織の第一の特徴を構成する。独占事業体の工場においては、非人格的規則によってすべてが固定されていることを、読者は覚えているであろう(50)。規則はさまざまな職務のすべてを定義し、ありとあらゆる場合において、それらを担う者によって維持されるべき行動を規定する。競争を通してまた先任権についての規定を通して、それらの規則は同様に、誰が選ばれてこれらの職務を担うべく指名されるのかを取り仕切る。このように、社員の昇進の道に関しても、彼らの職務の遂行に際しても、個人的イニシアチブにまかされているものはなにもない。同時にまた、諸個人の行動が非人格的な規則によって詳しく規定されている限りにおいて、人間関係からは勢力のあらゆる内容が消失してしまう。

決定権の集権化がその第二の顕著な特徴を構成する。これは第一のものから必然的に派生する命題である。あまりにも個人的な圧力や、情実への傾向を避けるために、実際、次のことが重要になる。それは、規則の解釈や変更や場合によっては新しい規則の制定について責任を負っている決定権〔の所在〕を、決定に影響されるであろう執行部局からできるだけ遠ざけることである。

このようなわけで、独占事業体においては、諸規則はパリにある総務部門によって制定される。これは組織全体に適用されるもので、全国レベルでの諸組合との長い交渉の結果なのである。同様に、工場における規則の解釈については、人々が頼りにするのは、つねに事業所の副所長である。理論的には、副所長は、第二段階になってはじめて、すなわち工場長と生産労働者とのあいだでの不一致のあとではじめて、介入すべきなのであるけれども。

第三の特徴は、**諸個人が同質的な・相互に分離された諸集団に階層分化すること**であるが、これは、このようにあらゆる恣意とあらゆる従属関係を排除したことの直接的帰結なのである。生産労働者の集団と工場長の集団と保守労働者の集団とのあいだには、ほんのわずかしかコミュニケーションがない。それぞれの集団は、ほとんど乗り越えられない障壁によって、他の集団から隔てられているのである。これに対し、各集団の内部においては、各成員に対する仲間からの圧力は、絶対的に優越したものとなり、規則の外で個人の行動を規制する唯一の要因となる。そして他の集団との闘争において、各カテゴリーは、自分の管轄範囲であり、自分にとっての防衛手段にもなっている領域を、できるだけ全面的に統制しようとする。極限的には、組織にとって手段でしかないものが、一つの所与の職務に従事している成員にとっての主要な目的となる。保守労働者の行動はそのよい例である。極端に言えば、重要なことは、もはや機械の故障が修理されることではなくて、保守労働者の集団のみが故障を修理できることなのである。(51)

そしてこのことが、我々をフランス式官僚制の第四の顕著な特質に導く。**それは、除去されえずに残った少数の・不確実性の諸源泉のまわりに、さまざまな非公式の勢力圏が構成されることである。**規則の支配とは、組織の作動における不確実性を、最大限なくそうとする試みの表れである。しかし、それにもかかわらず、不確実性の源泉は存在し続ける。独占事業体の事例においては、非人格的規則を通して、機械の修理の問題を除いてすべてが予見され合理化されていた。そしてこの問題のまわりに、非公式の勢力関係が再構成され、同時に依存と紛争の諸現象がそれにともなっている。これらの諸現象は、その勢力が内密で正当でないという性格を持ち、それから免れるのがより困難であるだけに、ますます暴力的で、欲求不満を生じさせるものである。独占事業体の事例においては、それから免れるのは不可能ですらある。これが**唯一の**不確実性の源泉であり、すべての人に影響する。そして製造労働者と保守労働者のあいだに存在する大変重苦しく、争いをはらんだ雰囲気は、この従属状況がどれほど生きるのに耐えがたいものであるのかを、十分に示している。

〈このような組織システムの発展と維持は、あらゆる成員にとって大変重要な代価を負わせるものであるが、このシステムが成員たちにたいして一定数の潜在的機能を果たしていること、そ

してそれが固有の自己維持のしくみを分泌することを認めるのでなければ、そのようなシステムの発展と維持は理解されえない。〉

〈b　この型〔の組織〕によって生み出される悪循環〔cercles vicieux〕〉

実際、このような型の組織の特徴は、まず、自己保存のしくみを生み出すことである。すなわち、このような組織のさまざまな特徴は、諸困難、悪い帰結そして欲求不満を引き起こすことによって、この自己保存のメカニズムを弱めるどころか、一連の悪循環を生み出しながら、それを強化するのである。

その第一の例を、非人格的規則と集権化との結合という事態をめぐって、見いだすことができよう。独占事業体の事例に即して見たように、これらの二つの組織特性は階層間に強い仕切りを作り出し、さらに相互に完全に孤立した同質的な諸職種を構成する。それらは相互に協力関係というよりも競争関係を保ちつつ、そのようにして自分の支配する部分的な諸手段を自己目的化するにいたる。(52)

コミュニケーションの欠如や作業課題の実行における困難、要するに組織のすべての目的の達成にとって逆機能的な諸結果があったにもかかわらず、システムの柔軟化はもたらされなかった。その理由は、必要な変革を実行できるであろう人々は、真の問題に取り組むことができないからである。彼らはそれを知らないのである。彼らが使う唯一の武器は、諸規則をより細かく精緻化することと、集権化を強化することとである。このことは、先述の分析された諸困難を増加させる等の帰結しかもたらさない。

もう一つの悪循環の型は、フランス式官僚制モデルを特徴づける非公式な勢力の網の目から見いだされうる。

非人格的規則の確立によって、フランス式官僚制は組織の作動にのしかかる不確実性の最大の源泉を除去することをめざす。しかし、そうすることによって、それにもかかわらず存在し続ける一つあるいは少数の・不確実性の諸源泉を統制する人々の勢力を、必然的に強化してしまう。なぜなら、これらの不確実性の源泉に結びついている勢力関係と依存関係は、関与する諸個人が、別の勢力の源泉をめぐって相互に対立しながらゲームを展開することができないために、それらの源泉から免れるのがより困難になればなるほど、それだけますます拘束的なものとなるからである。それゆえ、特に激しい紛争が、特権をともなう領域に付随するであろうし、永続的な不満足の焦点を構成するであろう。その焦点の存在は、あらゆる瞬間に依存関係に対する恐れを正当化し強めるであろう。このことから生ずる当然の帰結は、集権化と非人格化へ向けての圧力の増大であろう。

要約すれば、独占事業体が我々にその例証を提供しているように、フランス式官僚制モデルは、作動上の諸困難が組織の諸特質を修正する代わりに強化するという特徴を持つ。言い換えれば、それは、あまりにも硬直的なため、みずからの欠陥をきっかけにしてみずからを修正することができないような組織類型なのである。

このことの最終的な帰結は、そのようなシステムにおける変化が生み出されるのは、ただ組織全体を揺るがすような危機のさなかに、一挙にしかも頂点からの働きかけによって変革がなされる場合にのみ、可能だということである。

実際、この型の組織の諸特徴は、その環境における（技術的、経済的、社会的等の）あらゆる種類の変化に対する組織の漸次的な適応を不可能にする。なぜなら、諸変化をそれが出現した場所において、すなわち〔仕事の〕実行の水準において、**認知する人々は、必要な変革を導入するための権限を持っていないからである。そして権限を持つ人々は、**すなわち頂点にいる指導者たちは、人々が彼らに対して情報を隠したり、彼らが情報を受け取ることも利用することもできなかったりするゆえに、**適切な情報を持っていない。**

そのような状態の帰結は、組織がその環境の諸変化を無視する傾向を持つだろうということである。環境の諸変化が組織の作動にとって特別に重要な困難の原因になる時にしか、組織は、変化の重要性を認識しないであろう。その時に変革が生み出されるであろうが、それは変革を組織に課すことのできる唯一の主体である頂点からくるであろう。そして変革は、システムの総体に対しておよぶ形で一挙にくるであろう。というのは変革は、すべての者に対して適用可能な非人格的規則の改革を通してしかなされえないだろうからである。

そのような変化は相当長い期間や相当の規模を必要とするので、組織の作動を停滞させるような深刻な危機をつねに引き起こす。ある短い期間の間、個人的な恣意的な介入を通して、そして極度に強制的な従属関係の確立と引き替えに、組織の流動性が回復する。すべてが可能であるかのごとく見える。しかし、すぐに熱狂は沈静し、組織はその通常の作動状態へと再出発する。組織は新しい定常状態を開始する。

このように危機は、たとえそれが例外的なものだとしても、この型の〔組織の〕不可欠な一局面にほかならない。一方で、危機は環境の変化に対する・このような組織の適応の様式を構成する。他方で危機は、そのメカニズムの活発さ自体によって、権威主義的性格によって、組織成員にとっては深い傷を残すものであり、権威と従属関係に対する恐れを永続させ、それゆえ非人格性と集権性に向かわせるような圧力を強めるものである。

＜c　この型〔の組織〕の潜在的諸機能＞

このような組織類型は参加者に対して重要な代価をもたらす。同様に、それは疎遠な観察者にとっては、常識外れで非合理的なものとして映るかもしれない。だが、そのようなシステムが発展し存続したこと、さらにはまだ存続していることも事実なのである。だから、そのようなものごとの状態が、かくも長く存続しうるようにさせている諸要因について問わなければならない。これに答えるためには、このような類型の合理性と固有の論理の範囲、潜在的なやりかたでこの類型が満たしている諸機能――この諸機能ゆえに、参加者はこの類型に満足し、そこから利益を得るのであるが——の範囲を確定する必要がある。

〈このようなわけで、フランス式官僚制モデルは、(安全と個人的自律性の探求、対面関係への恐怖、従属関係に対する反感ゆえに倍化された平等への要請などのような) 一定数の基本的な価値と要請に対する応答として分析されうる。その成員はこれらの価値や要請を、彼らの状況や文化的な帰属といった事実ゆえに、特に重視しているのである。そして我々が検討してきた組織の諸特徴は、いわば、これらの諸価値や諸要請にとっての組織における媒介となるのである。この組織類型はいわばそれらを表現しているのである。〉

第一の例証は、個人の行う組織での活動のあらゆる局面を前もって固定している非人格的な規則の支配の中に見いだされうる。そのようなシステムは個人に対する大変重要な制限を引き起こす。独占事業体の成員たちは、彼らの個人的成功を予測したり、彼らの価値を知らしめるいかなる可能性も持っていない。彼らは他の者に対して働きかけることがまったくできない。しかし、このシステムの利点は無視しうるものではない。なぜならそれは完全にとは言えないまでも、大幅に人格的な従属関係を消失させるからである。非人格的規則によってすべてが規制されている限り、位階体系の上での上位者は彼の下位者に対するあらゆる勢力を失ってしまう。彼の役割は規則の適用を統制することに限られる。逆に、下位者は上位者に対して圧力をかけたり交渉したりするいかなる勢力も持たない。なぜなら行動は前もって規制され、それゆえ予測可能なものだからである。(53) それゆえ、各個人は他者に対して保護されており、あらゆる人格的従属から自由である。

そして個人間の関係、とりわけ位階的上下関係はあらゆる感情的内容を欠いている。なぜならそれらの関係は重大な結果をもたらさないからである。[54] そのようなシステムの**潜在的機能**の一つは、工場長に対してと同様に下位者に対しても、このように、組織状況が彼らにとってつごうが悪い時には、彼らの努力を出し惜しみし、彼らの関与を最小限にすることを許容することである。彼らはたしかに、彼らの組織の作動に参加しているが、そこに本当にかかわる必要はないのである。

職員の階層分化と、各職種が閉じこもっている孤立状態は、同様のやりかたで分析されうる。たしかに、このようなシステムは集団が個人に対してかける圧力を異常に強いものとする。個人はそのような圧力を決して免れることはできない。この圧力は規則以外に個人の行動を規制する唯一のものとなり、集団の利益にかかわるような地点における規範からのあらゆる逸脱に対して厳しい制裁を課する。[55]

しかし、この同質的な諸集団——それらは、相互にはつながりがなく、労働における個人の実績と無関係な・競争試験や勤続年数のような基準によって定義されている——の存在の代償は、重要でないわけではない。このような集団は、実際個人にとっては、個人的失敗の危険を減らし、それゆえ原理的には、集団の成員を外部の干渉から守りながら、仲間のあいだでのあらゆる競争関係を除去しようとする。それゆえそれは諸個人のあいだの平等関係の維持を許容し、原理的には個人的競争が排除されているような支持的感情がいきわたった環境を構成することを許容する。**率先して行為する能力に関して個人が失うものを、彼は保護と安心感の中で取り戻す。**

それゆえ総体としては、《取り引き》はそんなに悪いものではない。なぜなら、この型は独立性と安全性を相対的に恵まれた形で結合して、諸個人に対して提供するからである。規則によって定義された枠組みの中で、諸個人はまったく自由に自分の固有の貢献を測定することができる。彼らは組織の目的に参加することも参加しないこともできるし、彼らの冒す危険を制限しながら、より個人的な企図のために自分の力をとっておき、感情的にかかわらないことができる。最後に、もっとも包括的な水準でつねに展開される・諸規則をめぐる交渉の過程は、補足的な利点を提供する。末端の作業員は、意のままにできる交渉手段を欠いていたとしても、彼らの数の力でそれをなんとか埋め合わせることによって、力関係を彼らに有利なように修正することができる。

このようにして、一つの所与の組織状態が持続している場合——それがたとえ他の視点から見れば、常識はずれで非合理的なものに見えたとしても——その状態の中に隠れている論理を解明することによって、それが果たしている潜在的諸機能をつねに問わねばならない。そしてこのことはそれに満足するためではなく、起こりうる変革にとって必要な努力と衝撃を与えるべきもっとも重要な地点を、よりよく理解し、そのようにしてよりよく見究めるためである。

B　組織における意志決定

組織の中では、組織の作動とその生み出す成果を条件づけるような・あらゆる種類の諸決定が絶えず行われている。意志決定はあらゆる組織活動における本質的行為である、とさえ言うことができよう。それゆえ一つの組織が意志決定を行うに至る過程を問うことが重要なのである。

労働についての科学的管理法を論じる古典的な視座のもとでは、この問題は決して注意を引かなかった。実際、回答は自明であった。そこでは意志決定は専門家たちの行為と見なされた。専門家は、彼らの知識と能力によって、必要な権限を与えられており、彼らは技術的、経済的等々の制約条件を合理的に分析したあとで、できる限り最善の解決を見つけだし、それを受動的な作業員に実行させるのであった。

〈組織分析は、諸個人や諸集団がさまざまな戦略を追求する一つの社会システムとして、組織を分析することによって、技術的・経済的な唯一の合理性がすべての成員に課せられているとする・このあまりにも単純な見かたを、破壊するのである。それゆえ、意志決定自体もまた相対化されるのである。それぞれの問題に対して唯一の解決策というものはもはや存在せず、社会システムの異なった均衡状態に対応する・複数の解決策が存在するのである。そして下されるに至った意志決定は、もはや可能な限り最善のものではなく、さまざまな利害関係者の戦略を考慮した場合にもっとも満足しうるものなのである。それゆえ意志決定過程もまた、組織の土台をなしている社会システムとの関係において、条件適応的である。このシステムのゲームの規則が、いわば、一定の性質を持った諸決定を生み出し、他の諸決定は生み出さないのである。〉

次のように区別することが妥当である限りにおいて、以上の議論は、職務の日常的な進行にかかわる『小さい』意志決定にも、組織の方針やさらには将来にもかかわりを持ち、それゆえ注意深く準備され検討されるような『大きな』意志決定にも、適用されるのである。**なぜならすべての意志決定は、それがなされる組織上の水準がなんであれ、その重要性がなんであれ、組織の中で展開される取り引きの土俵〔enjeux〕を構成する。**

それゆえ一つの決定は決して中立的なものではない。採用される解決策は、組織の成員たちが作り出した均衡を変化させるであろうし、従って、彼らの目的を追求するための彼らの能力を変えるであろう。それゆえ組織の成員は――少なくとも、決定の引き起こす反応にかかわるだろう者はすべて――まったく当然にも解決のされかたに利害関心を持ち、それに影響を与えようとするだろう。従って、決定の準備はそれ自体、交渉過程によって特徴づけられるだろう。その交渉過程においては、さまざまな利害関係者がすべて、自分が追求している利害にとってできるだけ不利にならないように、最終的な決定を方向づけようとして、自分の統御している資源を動員するであろう。

これらの資源はどのようなものであろうか。まずそれは、公式構造によって設定された諸特権である。ある種の決定は一定の職務に結びつけられている。その職務を担っている諸個人は、そのことによって、組織の他の成員が自分の欲する決定を得るためには、彼らをどうしても頼らなければならない限りにおいて、重要な勢力を持つのである。

しかし公式の権限だけでは十分ではない。さらに、組織図によって権限を与えられた『決定者たち』が、事情をよく知った上で決定ができるために、必要な情報を入手できなければならない。組織の他の成員たちこそ情報を保持しているのであるが、彼らが『決定者たち』に対して勢力を取り戻すのは、まさにこの領域においてなのである。そして決定者たちがみずからの決定が適用される現実の状況から疎遠になればなるほど、彼らの勢力は顕著なものとなる。

それゆえ、最終的決定のいわば原料あるいは『入力』を構成する情報が中立的でないのであるから、最終的な決定も中立的ではない、と言うことができよう。反対に情報は二つの水準において、『歪められて』いるのである。

一方で、情報は、それを受け入れ伝達する構造に含まれる諸制約によって特徴づけられる。情報を日常的に使用する部署の必要にとって完全に適合的であるような・情報の特質が、伝達に際しての意識的な妨害がない場合でさえ、《決定者たち》のさまざまな必要にとってはまったく不適切であることが明らかになるかもしれない。このようにして、工場長は部下の持つ雰囲気や気分を、彼にとってしか意味を持たないような小さな徴候から《感じ取るであろう》。工場長はそのような現実と日常的に接触しているのである。反対にこの同様な徴候は、それらを取り巻く文脈について多かれ少なかれ無知である事業所長にとっては、いかなる意味も持たないであろう。

他方で、情報を受け入れ、伝達するという任務を担っている諸個人や諸集団はたんなる伝導ベルトではない。逆に彼らは、固有の戦略を追求しているのであり、たとえその戦略が情報を故意に歪めたり、削除したりすることはなくても、それは伝達される情報の内容を必然的に彩色するのである。

意志決定はある程度の大きさの影響範囲を持つものともなると、一般に組織のただ一つの部局にかかわるのではなくて、複数の部局にかかわるということが勘案されるならば、この状況はさらにより複雑となる。これらの諸部局は、それら相互の関係における勢力を拡大しようとする戦略を、同様に追求しており、まったく当然にも決定を自分に有利になるように利用しようとし、他の部局より優位に立とうとしているのである。

あらゆる意志決定に必然的につきまとう・交渉と取り引きの展開過程にとって、組織の社会システムを特徴づけるゲームの諸規則は、このように、強力な諸制約を構成しているのである。それは、さまざまな利害関係者の戦略と行動を規制しながら、これらの主体のあいだに築かれうる・コミュニケーションの網の目を特に構造化し、それゆえ適切な情報をめぐる取り引きの展開のしかたさえも構造化している。これによって、それは一定の性質を持った諸決定をもたらすのである。

この点に関しては、会計事務所における上級管理職の事例を思い出していただきたい(56)。不完全な、さらには嘘の情報しか持たず、また他の者から情報を得ることもできないため、彼が行うのは定常的決定のみとなる。我々が見たような理由によって、彼にとってはそれがもっとも満足のいく解決なのである。おそらくそれは、それ自体では合理的ではない。しかし彼の状況を考慮に入れるならば、それは合理的なものとなる。事務所の社会システムが課す諸制約は、一連の選択肢の中に、彼をいわば閉じこめるようなものなのであり、そこから彼の選択は逃れえないのである。

同様に、独占事業体の例において、諸決定が行われうるのは、非人格的で一般的な形態のもとにおいてのみであることを、我々は見た。決定権限を持つ人々は状況を知らない。情報を持つ人々は決定権限を持たない。この両極にある人々のあいだでの直接的な交渉のみが、別の性質を持った諸決定を可能にするであろうが、ゲームの規則は、この両極のあいだで直接的な交渉を行うことを、不可能にしている。

このような条件のもとで、≪合理的な≫決定について語りうるためには、同時にその合理性の条件を問題にしなければならない、ということが理解される。一つの意志決定は、ある状況との関係においてのみ、組織の社会システムのある所与の状態との関係においてのみ、合理的なのである。

もちろん、組織がその環境の技術的、経済的等の要請に対して自律的であれば、いっそうこの命題は正しいものとなる。しかし、いずれにしても、これらの要請はある意志決定の正確な内容を決めてしまうのには不十分である。組織の社会システムを特徴づけるゲームの規則と同様に、それらは制約の一部分にすぎず、他の諸制約も存在するのである。

私企業への電算機の導入についての多数の研究がこのことを確認している。技術的、工学的、経済的な要素が、絶対的でないにしても、優越した役割を演ずるにちがいない一つの意志決定がここにある。ところで、活発な競争にさらされている企業の中の、そのような規模の諸決定においてさえも、社会システムの課す諸制約は、より重要ではないとしても、少なくとも同様に重要な役割を演ずるのである。このように純粋に技術的、経済的理由によっては、電算機の導入がまったく正当化されないような諸事例が見られた。逆に、意志決定の過程を分析することによって、個人の持つ勢力や諸個人からなる集団の持つ勢力を拡大しようとする戦略と、決定に必要な情報を濾過することによって組織を操作する・これらの主体の能力とが、優越した影響力を行使していたということがわかった。(57)

C 参加

参加は流行の言葉である。これを提唱するさまざまな人々の言うところでは、参加は現代フランス社会を悩ますあらゆる害悪に対する・奇跡的な効果を持つ解決策である。企業の社長たちは、彼らが企業の中で出会う諸困難を前にして、社員の示すアブセンティズムや変革への抵抗というような諸問題を前にして、もっと多くの《参加》に頼ろうとする。大学基本法の目的の一つは、一九六八年の五月—六月の事件の間に生み出されたような重大な諸問題を予防するために、学生たちが彼らの大学における諸活動にもっと多く参加することを可能にすることであった。フランスの行政さえも、立ち遅れていない。(地域経済開発委員会〔CODER〕、都市計画委員会、農村開発計画の作成手続き等といった)多数の領域において、行政は、市民たちに関係する決定を作り上げて行く過程に、彼らを加わらせ、≪参加≫させることをねらった諸制度を作り出した。

このような流行は疑いもなく新しい感受性を反映しており、今日のフランス社会——そこでは、あらゆる意志決定がますます複雑になっており、調停されねばならない複数の利害を顕在化させている——においてますます強く感じられている一つの欲求に対応している。しかし、ある一定の組織内部の参加についてであれ、行政とその活動の影響を被る諸社会集団とのあいだでの≪協議≫の仕組みのような・組織とその環境とのあいだでの参加についてであれ、これについて多くが語られているとしても、この概念の内容は極度に流動的で不正確なものにとどまっている。極端な言い方をすれば、参加はあいまいなものにとどまっているがゆえにますます希求されているのである。

それゆえ第一になすべきことは、『参加』という言葉によって理解されていることを明確化することである。組織分析は我々にそのための用具を提供し、まず一つの誤解を解消することを可能にする。実際、≪参加≫を語ることによって、あたかも、参加が存在しないような状況と参加が実現されているような状況とが、暗黙のうちに対置されるかのごとくである。ところで組織分析は、そのような見かたが現実に対応していないことをよく示している。**我々の各々が、望んでいるにせよいないにせよ、実際に意識しているにせよ意識していないにせよ、彼がその一部を構**

成している社会集団の活動にあらゆる瞬間に、参加しているのである。

我々は、順法闘争の例を紹介することを通して、組織成員は、組織内で裁量の幅を持つという全く単純な事実によって、彼らの組織の活動につねに『参加している』ことを、すでに示した。彼らは順法闘争をいわば利用して、組織に次のことを思い出させるのである。すなわちそれは、潜在的な形にせよ彼らの協力なしには組織がうまくやっていけないこと、彼らの協力はもっと高い評価と報酬を受けるに値することである。[58] 同様に、ある機関の目的への同一化や、議論の余地もなく人々が付き従うカリスマ的リーダーへの同一化も、『参加』の一形態を構成する。距離をとることさえも『参加』の一種として解釈されうる。そのようなわけで、『ヒッピー』や『極左主義者』は、彼らの国の掲げるあらゆる目的やゲームの規則に異義を申し立て、それらを拒絶しているとしても、彼らが他の無人の惑星にでも移住しないかぎり、その国の社会生活にいわば参加しているのである。

このような極端な事例は人々が考えている以上にたくさん存在するものであるが、それらを取り上げるまでもなく、次のような明らかな事実を認めねばなるまい。すなわち、〈参加のしかたは一つではなく、複数のものが存在するのである。このことは驚くにあたらない。この領域においても他のあらゆる領域と同様に、諸個人は戦略的行為、すなわち一つの目的の実現に指向した行為を採用するからである。諸個人は、その状況に応じて、その保持する交渉手段に応じて、課せられている諸制約に応じて、この問題に関して異なった行動のしかたをする。それゆえ『参加』

は一定不変の行動ではなく、逆につねに暫定的なもの、変化するものであり、個人のその時々の利害によって左右されるものである。＞

それゆえ、問題は参加をあおりたてることではない。参加はいずれにせよ存在する。もっと大切なことは、他の形態ではなく、このような形態の参加をもたらすのはどのような諸条件であるのか、そしてそれを通して得られる諸結果はどのようなものであるのか、を問うことである。

1 参加の諸形態とその諸結果

『強制された』参加や無意識の参加、そして指導者やイデオロギーへの同一化による『感情にもとづく』参加というような極端な形態に赴くことなしに、参加の二つの主要な様式、つまり「同化による参加」〔participation par assimilation〕と「批判的参加」〔participation critique〕を区別することができるように思われる。この二つは、どのような諸条件のもとで展開されるのか、どのような諸結果を得させるのか、という点において著しく異なっている。

＜a 同化による参加＞

これはフランス社会に大変広く見られる類型に関係しているように思われる。フランスの行政が、その環境を『活気づけ』、その行為に関係する社会諸集団と『協議する』ことを望む時、念頭に置いているのはとりわけこの類型であるように見える。また多数の企業の社長が、彼らの社員たちがもっとも多く『参加』することを要求する時、彼らが考えているのは、この類型であるように見える。

少々単純化しながらであるが、この類型の基礎になっている考え方を、次のようにまとめることができよう。あらゆる集合的な仕事の追求は、さまざまな参加者のあいだでの合意の確立を前提にする。参加者たちは、次のような意識を持つように導かれるにちがいない。すなわち彼らは、それぞれの特殊利害を越えてより基本的な共通利害を持っており、その追求のためには、彼らを相互に敵対させるような、対立と紛争を静めなければならないのだと。参加こそ、そのような目的を達成することを可能にするはずである。しかし、関与している諸個人や諸集団はつねに彼らの固有の目的のために、彼らに委ねられている諸手段を利用しようとする傾向を持つので、そしてそれより生じる特殊利害のあいだの対立は、至上の共通利害のまわりに合意を形成することを不可能にするので、このような参加は『無欲の』ものであること、すなわちたいした結果を生まないものであることが必要である。このようなわけで、参加のための諸制度が設置されたとしても、それらには参考意見を提出する権限しか与えられず、決定権限は与えられないのである。

各県の建設局の創設についての調査結果は、参加をすぐれて統合という視点からとらえる、このような見かたをよく例証している(59)。

県建設局の指導的立場にある幹部たち、すなわち国立土木学校出身の技術者たちは、都市開発という新しい活動領域において彼らを待ち受けているきわめて大きい困難を、意識していた。そこで効果的に行動するためには、技術者たちの作っている象牙の塔の中にもはや閉じこもってはいられないことを、彼らは知っていた。彼らは地方社会のあらゆる力〔を持つ集団〕の支持を必要としていたし、必然的にそれらと協調しながら仕事をしなければならなかった。それゆえ彼らにとって、この新しい型の協力を確立するためには、新しい対話の相手を見つける必要があった。この目的を達成するために、彼らのすべての希望は『参加』に託され、彼らは声をそろえて参加を大切にすると宣言したのであった。

しかし——彼らの回答が示すところによれば——彼らは参加をきわめて厳密に制限された範囲の中でしか受け入れなかった。彼らが参加を作り出そうと望んだのは、真の討論を引き起こすためではなく、『教育的な』目的のためであった。彼らの目には、最終決定についての選択がそこから生み出されるような真の対決を、異なった開発構想のあいだに作り出すことは、ぜひとも避ける必要があった。彼らによれば、そのような過程は必要とされる合意を取り返しのつかない形で、破壊してしまうであろう。反対に大切なのは、地方の有力者たちを行政の仕事に協力させることによって、彼らの内部に学習過程を始動させ、彼らがそれまで疎遠であったような一つの水準に近づくことを可能にすることであった。すなわち、彼らが表現する特殊利益を超越しそれを昇華するような**一般利益**の学習である。要するに、なによりも重要なのは、地方の対話の相手に次のことを理解させ受け入れさせることであった。すなわち、それは、行政が代表している一般利益の名において、行政によって提唱された解決策が、最善のものであり、実現可能な唯一のもの

であること、そして必然的に彼らが表明している特殊な諸利益よりも優先されるべきであるということである。(60)

このような条件のもとでは、学習過程をとどこおりなく進行させるという課題が、諮問制度によって十分に果たされること、さらには保障さえされることが、容易に理解されるであろう。同様に、地方自治体が固有の技術部門を持っていることに対して、国立土木学校出身の技術者の大多数が敵意を抱いていることも了承されるであろう。(61) 実際、専門的能力の源泉が多数になればなるほど、衝突の危険性も大きくなる。参加がうまくいくためには、地方自治体と担当行政庁に共通の唯一の機関に、研究手段が集中されるべきであり、そこでは行政庁が支配的な地位を占めるべきである、と彼らは考える。

そのようなやりかたの諸帰結はどのようなものになりうるだろうか。明らかに、それは従属と受動性しか引き起こせない。たしかに利害関係を持つ諸集団は参加するであろうけれども、彼らはなにももたらさないであろう。なぜなら、そのような過程において、彼らは、万一の場合彼らの目的にもっと合致する対抗計画を作成するのに必要な熟練を欠いているので、行政によって提案される解決を問い直すことは決してできない。それゆえ、そのような過程に参加することが彼らにとってどのような利益になりうるであろうか。その過程において、彼らの意見は参考意見にすぎず、いかなる力も持たないであろう。

彼らは直面する事態を、操作の高度な一形態であると判断するかもしれないが、それも道理のあることである。実際にはそうでないのに〔計画〕作成手順に、民主的正当性のよそおいを与えようとする操作に対すると、利害関係者はまったく当然にも関与を止め、引きこもってしまう。彼らの資源と固有の交渉手段に応じて、彼らは戦略上力を注ぐ場所を、彼らの目的に向かってより良く前進できると考えられるようなところに、単純に移し変えるであろう。

しかしそれゆえに、このような形態の参加のもたらす結果は極端に貧弱なものとなるであろう。そのような参加を生み出した者は、彼に固有の理由によって、しかし彼にとっては、あれほどの苦労を被ることを引き受けたのであるから、一定の重要性を持っているにちがいない理由によって、それを作り出したのであるが、彼にとって結果は引き合わないのである。

そのような過程の最後に、まず彼が見いだすのは、自分が最初に設定したものでしかないであろう。利害関係者は関与しないであろうから、外部から新たにもたらされる寄与で、全体を豊富にするようなものは、ほとんどないであろう。したがって、時間と手続きの繁雑化に関して支払うべき代償は、結果を考慮すると、彼にとってあまりにも高価なものと映るであろう(62)。『参加』がまさに予防しようとしていた利害対立を、このような過程が決して回避させうるものではないだけに、代価はますます高いものとなる。なぜなら、利害関係者は我々が先に見たような諸理由によって関与しているのではないので、決定されたことに束縛されているとはまったく感じないであろう。もし必要な交渉手段を彼らが持っているのであれば、彼らは要求を満たすために、参加を司どる公式の部局を飛び越えて、直接に自分たちだけで〔関係部局と〕交渉しようとするであろう。あるいは力関係が彼らにより有利になるような領域において論争を開始するべく、彼らはもっとも好都合な時期をたんに待つのみであろう。

その帰結としてもたらされるのは、紛争と秘密の交渉が何倍にも増えるという事態であり、それらは当初に提案された計画の全体としての一貫性を、より多くではないにしても同様に危うくするであろう。受け入れなければならない妥協の性質が特殊なものになるだろうというだけのことである。それらの妥協は、現存の勢力構造と既存の諸状況を、他の異なった参加過程がなすであろうよりも、より強く固定するであろう。

そのような参加方式は、かかわりのあるさまざまな諸個人や諸集団の目的と合理性をよりよく統合することを目指すのであるが、感情面での代価（欲求不満や失望等）は言うにおよばず、貧しい結果しか生まないということがよく見て取れる。

＜明らかな事実に服さなければならない。もし利害関係者が参加という実験に関与し、独創的な貢献を行うことを、人が期待するならば、彼らが自分にとっての利点を参加に見いだすこと、彼らにとって参加が引き合うものであることが必要である。＞

＜b　批判的参加＞

一九六四年の地方制度の改革に際して、地方社会についてなされた調査結果は、どういう場合にある集団が参加という実験に関与することを受け入れ、反対にどういう場合には引きこもりと

受動性という態度に閉じこもることを選ぶかを、よく示している。(63)

地方制度の改革の推進者たちは、地域計画に対して『活動的な力を持った諸集団』が、とりわけ「青年農民全国センター」〔CNJA. 一六―三五歳の若い農民たちの全国組織。一九四七年に創られ、現在八万人が加入。農産物価格や協同化といった農業政策のために運動〕と労働組合員が参加することを大いに期待していた。彼らは革新的姿勢を持っているので、地域における〔利害調整をめぐる〕ゲームに深く関与するであろうこと、それによって県の水準で対立し合う特殊利害をめぐって展開される伝統的なゲームを乗り越えることが可能になるだろうということが、実際に期待されていた。

ところで、回答を分析してみると、これらの二つの集団のとった行動は、地域ごとにかなり異なっていることが明確である。シャンパーニュ地方において、『活動的な力を持った諸集団』は、新しく始められた地方諸制度に対して、きわめてはっきりした引きこもりの態度を示した。逆に、アキテーヌ地方において、彼らはそれに深く関与したように見える。

このような差異は、次のような事情を承認しない限り、説明されえない。すなわちそれは、そこにおいても他のところと同じように、以前から存在する勢力構造の中に参加が導入されるのであること、そしてまさに勢力構造との関係において、各集団がそのような実験に関与する以前に、注意深く自分の交渉手段と成功の機会を計算するという事情である。

このような事情によって、調査が行われた二つの地方の一つであるシャンパーニュ地方においては、「青年農民全国センター」の成員はよその労働組合員と同様に、強力でよく確立された・

経営者組織並びに『古い伝統を持つ』農民団体によって、支配されている制度上の構造に参加することは、なにも得るものがなく、逆に〔損をするだけだ〕と判断した。反対に彼らの利害は、彼らの固有の地域において彼らの直接の利益を最大化すること、そこにおいて現在欠けている勢力と影響力を獲得することにある。

アキテーヌにおいては諸条件がまったくちがっている。『伝統的』職業組織の衰退を前にして、『活動的な力を持った諸集団』が次のように判断しえたのも、実際もっともなことであった。地方を舞台にした実験に関与することは、自分たちにとって最小限の危険しかもたらさないし、逆に自分たちに自己主張の手段を、それゆえ自分たちの固有の目的をよりよく防衛し、受け入れさせる手段を提供してくれるのだ、という判断である。

労働組合の態度はこの点に関して特に意味深い。彼らは『ゲームに参加する』ことを受け入れたが、それは彼らが他の者よりもその地方のことを考えていたからでもなければ、一般利益について他の者よりもはっきりとした見解を持っていたからでもない。しかしもっと単純に、周囲の状況ゆえに、また彼らが持っていた交渉手段ゆえに、彼らは地方を舞台にした実験の中に、雇用という労働組合員にとって切実な領域に関して、組合員に対してみずからの目的を伝達する可能性を見いだしたのである。そのようにしながら、彼らは彼らが特別の熟練を保持している領域において、独創的な貢献を行い、その地方における〔利害調整をめぐる〕ゲームをより豊かで、より力動的なものにすることを助けたのである。

結局、きわめてはっきりした目的に対する・彼らのきわめて限定された関与は、地方での実験をぶちこわすというような・懸念された事態を招くことなく、逆にこの実験により多くの重要性と実質を与えることを可能にした。それゆえ、全体に対する諸結果は明らかに肯定的なものであった。

2　批判的参加の諸条件

＜参加に関する・諸個人と諸集団の行動は、つねに戦略的なものであることを、我々は見た。それは、つねに修正することができる行動であり、諸個人を取り囲んでいる状況に、彼らが行為の中で実現を目指す目的を取り囲んでいる状況に依存している。＞

このことは容易に理解される。実際、参加はそれが関与を意味している限り、なんの結果ももたらさない無償の行為ではありえない。諸個人や諸集団に対して彼らにかかわりのある決定の形成に参加するようにという要求がなされる時、彼らは贈り物をもらうわけではない。反対に彼らに求められているのは、危険に満ちた関与である。なぜなら『参加』は、行動の自由という点から見ると、参加する人々をより多く拘束する限りにおいて、高くつくからである。なんといっても、自分が寄与した決定を再び問題にすることはずっとむずかしい。人は関与することによって、自分を束縛するという危険を冒す。まったく当然にも、人がそのような危険を冒すことを受け入れるのは、一定の自由な選択範囲を保持し、最終的な決定の形成に本当に影響を与えると考える場合のみである。逆に、もし最終決定は事前になされており、それによって自分が束縛されるだろうと感じるならば、もっとも有利な態度は、自由な立場を維持し、なされる決定に対する批判や異義申し立てがより容易にできるように、参加というゲームを承諾しないことである。

それゆえ、『唯一の最善のやりかた』があるという幻想を、なんとしても放棄しなければならない。もし唯一のもっともすぐれたやりかたしかないのだとすれば、人々を参加させることは、なんの役に立つのであろうか。技術者にそっと仕事をさせておけばよいではないか。彼はその仕事をよりよく、より早く果たすであろう。

しかし、複数のやりかたが等しく満足できるものでありうることが承認されるならば、利害関係者に、参加による寄与を要求することは好ましい。そしてその場合、各集団が保持する交渉手段を使いながら、〔参加という〕実験を通して自分の固有の目的を受け入れさせようとするのは正当なことである。このように『参加』が意味するものは、討論、交渉、そして、提案されるさまざまな解決策のあいだでの選択である。参加は必然的に、解決策をめぐる緊張と紛争の増大を――少なくとも初期の時点においては――引き起こすであろう。それらの緊張と紛争の解決に適合的な仕組みを用意しなければならない。

もし、参加の試みによって、出発点において設定したものより豊富な結果が得られるようになることを望むならば、関与する諸集団の行動が批判的参加となることを受け入れなければならない。その場合には、批判的参加が発展することを可能にする諸条件を解明することが重要になる。

参加に関与する諸個人や諸集団が、まったく無力な状態にあるのではないことが、まず必要である。彼らが行動の自由を持たねばならない。すなわち、彼らが十分に独立しており、それゆえに参加の試みに対して距離を保つことができ、さらには、もしそのほうが望ましければ、参加を取り止めることが可能なことが必要である。次に、決定過程に実際に影響を与えることができるような十分な交渉手段を、彼らは持たなければならない。そのようにして初めて、彼らは負わされる危険を引き受けることができ、あらかじめ敗北者となることなしに、〔参加の〕実験に関与できるであろう。最後にそれぞれが動員できる諸資源が参加によって作り出された土俵に対して、その上**適合的**でなければならない。つまり参加が必然的に引き起こす交渉過程において、実際に使用できるものでなければならない。

さらに諸個人や諸集団は、自分にとって引き合うものを参加の中に見いださなければ、つまり自分固有の目的に向かって前進する可能性を認めるのでなければ、参加することを受け入れないであろう。**設定された・参加の制度と手続きが介入するのは、ここにおいてである。これらの制度と手続きは、これらが設定しようとしているゲームの限界とこれらが提供する利得の可能性を各人がはっきり認知できるほど十分に、明瞭で精確でなければならない。**それゆえ、各人が正確になにをあてにすることができるのかを知るためには、そして各人が自分のすることを完全に承知の上で自分の関与について考慮しうるためには、まず、これらの制度と手続きが、参加の対象となる諸領域をはっきりと定義しなければならない。(64)

次に、これらの諸領域の中に、これらの制度と手続きが本当の土俵を作り出すことが必要であり、利害関係を持つ諸個人と諸集団が、それをめぐって自分の資源を動員することに利益を見いださねばならない。つまりこれらの領域において、参加とは、前もってなされている決定を受け入れさせるために奉仕するべきではなく、さまざまな『参加者』の多様な利害をめぐってなされる対決と討論を通して、決定を作り出していくことに役立つべきである。それゆえ、結局、これらの制度と手続きが、それぞれの利害集団にその見解を本当に主張する可能性を保障する必要があり、またどのようなやりかたで、生じざるをえない紛争を解決するつもりなのかを、それらの制度と手続きが前もって予知し周知せしめねばならない。

一九四八年にアメリカで行われた一つの実験が、これらの条件の重要性をよく示している。ある衣料品製造企業において製造ラインの変更が問題になった。それによって労働のリズムの重要な変更と新しい作業課題の設定とが引き起こされた。

三つの実験集団が作られた。第一の集団については、経営者自身が新しい労働組織を、一方的に決定した。第二の集団についてもまた、経営者が組織を定めたが、関係する集団の成員たちにそれについての情報を提供し、彼らとそれについて議論を行った。最後に、第三の集団については、経営者は必要な変更の大綱と、考慮に入れなければならない主要な諸制約を示しただけであった。次に経営者は、関係する職員の代表を加えた作業集団を構成し、このように正確に定められた枠組みの中で、もっとも満足のいく実際的な解決策を共同で見つけるという課題を、この集団にゆだねた。

以前の組織と比べて、得られた結果は次のようであった。改善の程度は、第一の集団においてはほんの少しであり、第二の集団においては平凡なものであったが、第三の集団においては明らかに優れた改善がなされた。

第二の集団における向上と第三の集団の進歩との差異は、きわめて意味深い。第二の集団においては、下位の者たちは実験に関与するいかなる理由も持たなかった。ゲームは事前に終わっていた。彼らにとって、討論とは、最終的に定められた労働組織に対して、影響をおよぼす真の可能性を与えるものではまったくないから、操作の試みとしてしか受け止められなかった。逆に第三の集団においては、本当に参加が繰り広げられることが可能であった。この集団に加わった者たちは、採用された解決策の作成に対して本当に影響を与えることができたという感情を持ち、それゆえそれに対して直接に責任を感じたのであった。この集団において認められた改善について、他の説明をすることはできない。

三つの集団のあいだに認められた差異が個人心理にかかわる要因によるものではなく、まさに構造的な制約の結果であることを確証するために、この実験を行った人々は、実際、六カ月後に実験を部分的に繰り返した。彼らは、当初の実験の際、第一の集団に属した者たちを集めて、以前の第三の集団と同じ条件に置いた。得られた結果はまったく決定的なものであった。最初の実験の時には生産性を全然上昇させなかった同じ者たちが、今度は第三の集団とまったく同様の改善を記録した。

なぜなら、参加とは心理的あるいは感情的動機づけの問題ではないからである。誰かに、当人が理解している彼の利害に反して、なにかをさせようと『動機』づけることは不可能である。そして個人心理はそれにほとんど関係ないのである。実際のところ、『参加する』諸個人と『参加しない』諸個人などは存在しない。存在するのはただ、ある構造と交渉手段が与えられている場合に、自分の属する組織の活動に意識的に関与することが望ましくまた可能であると判断する諸個人と、同様の理由によって関与しないことを選ぶ他の諸個人のみである。

それゆえ、諸個人を組織にもっと統合しようとしてはならない。彼らが自分の《会社》に対して抱く愛着は、参加に関する彼らの能力と意志を測るためのよい指標とはいえない。よく引用されてきた例をもう一度取り上げるならば、企業の業績に応じて労働者に支払う『ボーナス』によっては、自分の企業に対する労働者たちの関与を増大させることはできないであろう。ここで理解されている参加は、感謝にもとづく行為などではなく、合理的な計算の産物なのである。それゆえ組織成員に付加的な交渉手段を提供し、彼らに十分な行動の余地を保障する場合にのみ、組織がその成員をもっと多く参加させ、より強くその作動に関与させることが可能になるであろう。

おそらく教育はこの目的に到達するための一つの手段であろう。教育は、諸個人に他の場所でも使用できる付加的な諸資源を提供することによって、自分の組織に対する諸個人の独立性を増大させる。このことは、諸個人が組織の作動に対してもっと多くの関心を持つことを可能にするが、しかし同様にそこにおいてもっと批判的で要求を提出するという態度をも可能にするであろう。この両面は結びついているのである。(65)

同様にこのような視角の中においてこそ、人々の参加に関して労働組合が真に果たすことのできる役割を理解しなければならない。参加が、組合組織自体を回路として発展することは――これは、あまりに安易に信じられる傾向があるが――不可能である。実際、組合の本質的機能は、組織に対して独立している勢力基盤を構築することである。この勢力基盤の存在が、身を隠す場所と組織に対して圧力をかける手段を提供することによって、従業員たちの交渉手段を増大させる。そのようにして、それは、自由とより大きな独立の雰囲気を作り出すことを可能にする。そして、組織へのより強い関与を発展させるのに貢献するのはまさにこの雰囲気なのである。(66) 組合組織を従業員が〔企業経営へ〕参加する道具としてさえ使用することは、組合を企業へと統合するという帰結を生み、それゆえ組合から独立を奪い、従ってみずからの役割を果たす組合の能力を奪うことになるだろう。

＜戦略分析はこのようにして、参加は結局は、統合と従属の反対物であるという結論に到達することを可能にする。この結論は逆説的に見えるが、それは外見においてのみのことである。個人が他の場所でも使用できる交渉手段を持てば持つほど、彼は組織――その作動に彼は参加するように求められているのだが――に対してより自由でより独立するようになる。そして彼は、そのような経験に固有の危険を、より担えるようになり、真の貢献をより行えるようになる。＞

ある企業の『生え抜きの幹部』とは、さまざまな組織内の階梯を次々と登って高い地位に到達した者のことであるが、彼は企業によって提供された住居に住み、よそでは見いだせないであろうような・多数の付随的な特権を享受する。だが彼は究極的には、しっかりした学歴を持ち・勤務先をたやすく変えることができ・自分の企業に特別のつながりを感じたりなどしていないような幹部ほど、参加に固有の危険を担うことができない。なぜならこの両者のうちで、より独立しているのは後者だからである。意見が一致しない場合、ごく単純に辞職するという可能性が、彼には残されている。

この点について、県庁の若い補佐官の事例を思い出していただきたい。(67) 彼らは、県庁の他の公務員たちよりも、彼らの組織の目的や使命に対して、ずっと少ししか自分を同一化していない。しかし、変化しつつある環境の中で県庁の行為が成功するために絶対に欠くことのできない・新しい職務を担う用意のあることを示したのは、他の公務員たちではなく、彼らにほかならなかった。彼らにそれができた理由は、彼らの交渉手段と彼らの昇進の展望を考慮してみると、結局、彼らが当の組織に対してもっとも独立していたからであり、そこにもっとも統合されていなかったからであった。

D　組織の中における変革の問題

組織分析は、あらゆる組織化の様式が条件適応的であること、すなわち、それは所与の状況に固有の諸制約に対する応答と見なされるべきであり、そのようなものとして分析されるべきことを、論証するものである。そうすることによって、組織分析が示すのは、完全な作動を可能にするような・できる限り最善の構造を、ある組織が備えているなどとは決して主張できない、ということだけではない。さらに、それは、今日は『良好』であるものが明日は『劣悪』なものになりうるということをも示している。それゆえ変革能力は、あらゆる組織にとって、その死活がかかるほど必要なものである。しかし同時に、この組織分析は、組織の安定性と維持を左右する諸要因を強調することによって、あらゆる組織変革の試みが必然的に出会う諸困難を明るみに出す。

組織分析はまず、組織の中で実際に活動をしている人々が、よく知っている一つの事実を、理解することを可能にする。つまりそれは、組織がよりよく作動するためには、より合理的な組織図を定めるだけでは不十分だという事実である。≪人間関係論≫は、統率あるいは人間関係に関する新しい行動を学習することだけを基盤にして、組織変革を生み出しうると考えたが、組織分析は、この潮流がなぜ相対的に失敗したのかを、説明することを可能にする。実際、組織分析は、同時に構造を変革しない限り、そのような教育をしても多かれ少なかれ死文にとどまらざるをえないことを、示している。なぜなら、個人はどのような行動も選択できる程に自由なわけではないからである。それゆえ、変革の戦略はただ教育を基盤にしてだけ築かれうるというわけではない。たしかに教育は不可欠である。特に教育が、組織の中での・そして組織に対する・新しいゲームを諸個人が採用するのを容易にすることによって、彼らの交渉手段を増大させうるゆえに、それは不可欠である。しかし、教育には構造的な変革がともなっているべきであり、教育は結局、そのような変革の扉でしかないのである。さもなければ、(個人は、変化しなかった組織構造のせいで、彼が学習したことを適用できないので) きわめて重大な欲求不満が引き起こされるであろう。

組織分析はまた、組織変革にたいして諸個人が対置する・あらゆる種類の抵抗の不可避的で正当な性格を明らかにする。そのような抵抗は、現場で仕事をしている人々の盲目の保守主義を表現するものだと、あまりにも安易に信じられる傾向があるが、そういうものではない。そのような抵抗は次のような事実に起因している。現存の組織構造は、諸々の勢力関係からなり・均衡状態にある一つのシステムによって基礎づけられており、しかもこの勢力関係は各個人が、彼の状況と彼の保持する交渉手段と彼が追求するより個人的な目的とを前提にした場合に、原理的には最大の満足水準を見いだすことを可能にしている。それゆえ、その構造を変えるということは、繰り返し見たように、この均衡を破壊することになり、諸主体のあいだに、彼らが相互の交渉において動員しうる・駆け引きに使うさまざまな切り札と脅しの手段を再分配するという結果になる。そのような再分配が彼らに対して提出する危険と脅威を前にして、彼らが最大限に備えをかため自分を守ろうとするのは当り前であり正当である。『変化への抵抗』とはそのようなものにほかならない。

ある組織類型の『潜在的諸機能』〔という視点〕を導入することによって、問題はさらにより複雑になる。もし諸個人と諸集団の基本的な要請と価値が変わらなければ、これらの主体が新しい構造のもとで同じ満足を得られるように調整を行うのは当然のことである。彼らはいわば、『潜在的諸機能』を移動させる。その結果、非常に頻繁に生じるのは、一つの組織変革により革新のおよぶ範囲の内実が空洞化することである。新しい外観のもとで、実際には旧来のゲームが存続する。

このジレンマから抜け出すためには、変革について普通に抱かれている観念すらも、必然的に問い直さなければならない。

理想的で完全な組織を定義するのは不可能――そんなものは存在しない――なのであるから、それぞれの外的および内的状況の所与の状態に対して、適応した諸組織しか存在しえないのである。だが、これら諸組織の環境の絶えざる変動は、それらにつねに変革と作動の修正という課題を課すであろう。これを最後に新しい構造を設定することを可能にするような大変革〔が存在すると考えるの〕は、幻想である。とりわけ重要なのは、変革が継続的で敏速になされうるように、変革が必要とされるところにおいて、変革の作業を開始し、必要な諸条件を結合することである。(68)

次に、組織の諸成員がこれらの変革に対して抵抗するのは正当であることを、承認する必要がある。これらの抵抗を克服するためには、彼らにかかわる諸決定の作成に彼らを参加させる以外に、解決策は全くない。しかしすでに我々が見たように、これらの参加は報われるものでなければならない。つまり、参加する者が決定に対して本当に影響を与えることができ、それによって彼らの個人的目的や利益がよりよく考慮されることが保障されるという形で、彼らがそこに報酬を見いださなければならない。さもなければ、彼らは『ゲームをする』ことを受け入れないであろう。

＜このようにして変革は、諸決定と〔変革の〕方式とをめぐる・また必然的に変革によって引き起こされる反作用をめぐる・絶えまない交渉の過程となるのである。交渉を隠れた舞台に追いやることはなんの役にも立たない。いずれにせよ交渉は存在するのであるから。だが、交渉を公然とした形で展開させることを許容し、それゆえ、現存する多様な諸利害の正当性を承認することによって、不可避的な諸対立をより合理的でより犠牲の少ないものにすること、それらの対立を組織の作動を活性化するようなしかたで利用することは、可能である。[69]＞

そのようにするとしても、しかし、これらの不可避的な対立を袋小路に導かないように注意する必要がある。もし利害関係者がゼロ和ゲームの状況にいるのであれば、つまりある者が獲得するものを他の者が失うという状況においては、交渉はどんな結果ももたらさないであろう。それぞれの者はできるだけ長く自分の立場を変えようとしないであろう。それゆえ変革はゲームを開始するものでなければならない。変革は、究極的にはすべての関与者がなにかを獲得し、以前の状態に比べて自分の位置を改善することができるような形で、新しい諸要素を、その状況にもたらさねばならない。

ルノー・センソリューが行ったある調査から取られたごく簡単な例が、このような局面の重要性を理解させてくれる。(70)さまざまな変革の後で、ある大規模な公共事業体の下部の諸部局において、職工長の役割と重要性が大きく低下することになった。そして、予想されるように、それ以来、まさに職工長が不満発生と、その事業体によって望まれている変革に対する抵抗の主要な中心になった。しかしいくつかの部局は、このような抵抗と困難を免れた。その理由は簡単であった。これらの部局では（仕事の過剰負担等の）特殊な事情があったため、そうでなければゼロ和ゲームになったであろうゲームに、新しい諸要素がもたらされたのであった。それ以来、職工長は、その当時ふりかかった圧力によって必要となった新しい職務の責任を担うことによって、彼の役割を再定義することができた。彼らの〔担ってきた〕指揮をとる役割は後景に退き、特殊な熟練にもとづいた・助言する役割に席を譲った。このような条件のもとでは、職工長は、彼の役割と従来の地位にともなう勢力の喪失を、より容易に受容することができた。

最後に、構造的変革には教育についての努力がともなわなければならない。人々と構造は相互依存している。一方が変わらなければ、他方も変わらない。このような必要性は技術を変更する場合には、きわめて容易に承認される。新しい機械は、教育によって獲得しなければならない新しい技能を必要とする。だが、このような考え方は、またあらゆる組織変革に対しても適用されるべきである。(71)より柔軟で流動的な諸構造を使用すること、参加の手続きとより意識的な交渉の手続きを設けること、これらは組織成員がより開かれたゲームを受け入れることを要請する。教育は、彼らにそこに関与することを可能にするような・交渉手段と能力を提供する機会でありうるし、あらねばならない。そのためには、教育は包括的な変革戦略の一部分でなければならない。教育が孤立してしまえば、貧弱な結果しか得られない。

＜以上のすべての考察を経ることによって、組織変革はより控え目な・より現実的なそしてまたより集合的な「過程としての」姿を現わす。それは、いかに有能な『改革担当者』がいようと、彼一人の仕事ではありえず、組織総体によって担われ実現されるべきものである。このような諸限界の中で、それは可能であり必要なのである。＞

結論

本書を終えるにあたって、『組織分析の貢献と限界』を、少しばかりより明確にすることができよう。

まずごく実用的な水準では、組織分析は、我々すべてがみなその中で働いているさまざまな組織の実際の作動のメカニズムを、理解し分析するための貴重な道具を成している。それでもなお、この領域において組織分析が持つ可能性を過大評価してはならない。それは、魔法の杖の一振りによってあらゆる問題を解決することを可能にするというような・奇跡をもたらす方法では、まったくない。それは解決はもたらさない。それが提供するのは、ただ現実を把握し理解するための方法だけである。

ある所与の組織の構造的特徴によって分泌される悪循環を分析することによって、組織分析は、その組織の社会システムの硬直性の理由について、よりすぐれた観念を作り上げる。主要な諸々の勢力関係が、どのような焦点をめぐって組み合わさり結びついているかを明るみに出すことによって、組織分析はインフォーマルな構造の骨格を露呈させ、それを通して、そこに関与するさまざまな主体のあいだの関係に関するあらゆる変革に対して抵抗する・もっとも重要な諸障害を把握する。

我々すべてを日常的に包み込んでいる諸現象に接近するために、組織分析が提供している分析枠組みを使えば、**諸制約**と我々がその一部をなしている**組織化されたシステムの弱点を**、我々一人一人が、よりよく分析することが可能になり、また我々自身のゲームと他の主体のゲームに対してより明晰な見かたを――それゆえ相対的に見る見かたを――することが可能になり、さらに行為者たちの相互依存に対してより意識するようになることが可能となる。

このようにして組織分析は、**知識が行為の有効性をつねに増大する限りにおいて**、**変革の間接的な道具**になる。組織分析は、現存するシステムに固有の合理性を論証することによって、実際、ある一定の変革が必ずそこにもたらすであろう諸混乱を、より正確に推し測ることを可能にする。したがって、組織分析は**諸制約と起こり得る諸抵抗を考慮にいれた変革戦略を確立することを可能にする**。[72] それは、同時に組織の諸与件にもより適合し・より選択的でもありうるであろう戦略、つまり**最小の努力で最大の変革を引き起こすような**鍵になる地点をねらった戦略である。

だがもっと遠くに進まなければならない。実際、組織についてのこの思考法の特色は、これこれの特定の種類の組織に関心を寄せるのではないことにある。この思考法は、それぞれ諸特徴と固有の社会的目的を持った・私企業や行政組織や、さらには刑務所のような抑圧的組織等の・制度上の特定の種類〔の組織〕を対象としているのではない。もちろん、この思考法はこれらの組織を考察の対象とする。しかし、この方法の探求の第一の目的はそこにはない。反対に、この方法は、これらの差異をこえて、これらのすべての種類の組織が共通に持つものを研究しようとする。

〈それゆえこの思考法が関心を集中するのは、組織という事象をめぐる次のような問題を理解することである。すなわち、それぞれの参加者が、他の者が追求する目的とたとえ対立しないままでも、それとはちがった・彼の固有の目的を同時に追求し続けようとしていることが了解されるのであるが、その上で、どのようにして彼らは、集合的目的を追求するためにみずからを組織化することができるだろうか、あるいは組織化されることを受け入れるのであろうか。〉

この問いへの答えは、勢力をめぐる諸現象の研究のうちに存する。すでに見たように、いかなる組織システムも、勢力関係なしには形成されえない。実際、あらゆる組織は勢力関係のまわりにその構造を形成する。そして〔組織においては〕達成されるべき目的とその実現に不可欠な手段としての人間とのあいだを媒介することが必要であるが、勢力関係がそれを可能にするのである。それゆえ諸々の勢力関係がどのように構造化されているかということの分析を通してこそ、次のことを理解するようになることができよう。すなわち、このように形成された〔組織という〕総体が生み出すにいたった・さまざまな解決と決定とがどのようなものであり、組織が持つ発展の能力と行為の能力を限界づけている諸制約がどのようなものであるかということを。

あれこれの個別の組織の持つ・固有の社会的諸特徴や社会的諸目的は、いわば補足的な条件として介入するのであり、それは諸々の勢力関係の構造化のされかたに影響するのである。しかも、勢力関係は根本的なものである。勢力関係は組織現象の本性を形成する。

<それゆえ、組織分析の問題群は、結局のところ、人々の協働関係――集合的目的を達成する際にはこれが必要である――ゆえに生まれる・人間の行為の自由と決定の自由におおいかぶさる諸制約と諸限界をめぐる諸問題なのである。それゆえ組織分析は、現実の社会において出会うあらゆる種類の組織に対して適用することが可能である。さらに、個人が心に抱く企てを実行するために自分の努力と他者たちの努力を結合しなければならないたびに、勢力関係による媒介がそのつど不可欠になる限りにおいて、組織分析は社会生活の中の関係の網の目にも付着している。組織分析は、人間たちの行う集合的行為にともなう・諸困難と必然性に接近しそれらを理解する方法なのである。>

付録1　組織調査の展開と方法

組織分析は実験科学的な使命を担う一つの学問分野である。本書において我々が検討した主要な諸概念、すなわち我々が組織社会学者のとるべき思考法を展開するにあたっての出発点となった諸概念は、アプリオリな理論的彫琢の産物ではなく、まさにさまざまな組織の中での研究にともなう具体的な状況から生まれたものである。

組織を研究する社会学者が一定数の思考法あるいは説明仮説を作るように導かれるのは、実態調査の諸結果——それらは一見したところ意外であったり矛盾したり逆説的に見えるものであるが——を説明し、首尾一貫したものにするためである。次に彼はこの説明仮説を、彼の方法の助けを借りて、現実によってあらためて検証することができるであろう。彼は、この思考法にとっての共通の諸要素についての・第二段階の反省によって初めて、我々が分析したような諸概念の定式に到達することができるであろう。それゆえこれらの諸概念とその底に横たわる思考法は、**帰納的、実験的方法**の所産なのである。

つまり、諸概念の妥当性は、使用される諸方法によって実施が可能となる検証と密接に結びついている。なぜなら、この諸方法を通してのみ、社会学者の仮説という形での解釈が経験的に検証されることによって生命あるものになりうるからである。

この付録の目的は、研究対象としている現実を組織社会学者が把握し説明するに至る過程を記述することである。ここで示そうとされるのは、彼の研究対象への接近のしかたであり、また、彼の使用する方法であり、彼が観察し集めた事実と原資料を解釈するために彼が従う知的手続きである。

1　社会学者の位置と彼の諸方法

組織社会学者が彼の調査対象に接近する時、彼は、未開社会に上陸し、その社会秩序の基礎と規則を理解するために慣例と風習を研究しようとする人類学者に――異なる点は別として――似たものとなる。

人類学者と同様、社会学者は彼の調査対象に対して外在的である。彼はそこに参加していない。彼はよそからきた観察者であり、彼にとってはすべてのことが新しいはずであり、自明のものはなにもないはずである。それゆえ、すべての観察された資料は、どんなにそれが些細で一見無意味に見えたにせよ、彼に分析と理解を求める問題を提起するのである。特に彼の注意は、観察されている人間集団の成員にとっては≪ものごとの自然な成り行き≫の一部となっており・彼らがかくも内面化しているゆえに自明なものとして受け入れている実践や行動や態度に、まさに向けられるであろう。だが、そのような自明視は社会学者にとってはあてはまらない。社会学者は同一の条件づけや同一の制約のもとには置かれてこなかったのであるから、これらの実践は、彼の目には異常なものとして、さらには見たところまったく無意味なものとして、当面は立ち現われるかもしれない。

しかし、彼はこれらの点を告発したり批判するために取り上げるのではない。彼の目的は彼の視点から眼前の諸現象を判断することではなく、彼が研究している・人々の作り出す総体的連関が**どのように**機能しているかを理解し、そしてさらに観察される状況が**なぜ**生み出されるのかについて熟考することである。その達成が可能となるためには、社会学者は人類学者とまったく同じように、彼の以前の経験や彼個人の価値や彼の意見や偏見を、できるかぎり排除しなければならない。彼の主観性は、彼が目のあたりに経験する現実を前にして、消え去るべきなのである。[1]彼は、彼が観察した事実や現象が正当化される根拠を、すなわち**表面に現われない合理性**を**発見**しようとするためには、それらを受け入れなければならない。結局、彼にとって、すべてのことはそれが存在する瞬間からある意味を持つ。社会学者の固有の仕事は、表面的な意味の背後にしばしば隠れている・この≪深層の意味≫を発見することである。

この基本的態度を、わざと誇張した一つの例によって示してみよう。一人の社会学者が事務所に到着する。そこでは底辺の従業員が極端に単調な日常業務をしている。社会学者は彼らを観察し、彼らに仕事がおもしろいかとたずねる。彼の期待に反して、彼らはみな、仕事が大変おもしろいと回答する。常識や今までの経験や彼固有の価値観は、社会学者を次のような考えに押しやり、彼らの言うことをまったく考慮しない方向へと傾かせるであろう。つまり、この人たちは彼らの労働によって大変愚かになってしまったので、仕事の真の性質を認識することさえできないのだと。しかし、社会学者である限り、彼は反対に次のように言うべきである。≪これはなんと奇妙なことだろう。この人たちは、一見するとおもしろくなさそうな労働をおもしろいと思っている。彼らがそう言うのだとすれば、**なんらかの理由**があるはずである。どんな理由であろうか。≫そして、ゲームに対して外在的な立場に立っている彼に対して問題を提起するこの手がかりから出発して、社会学者は可能な説明を求めて研究を開始しなければならない。そして、この最初の問いをより正確にすることを通してこそ、つまり、どのようにしてこれらの従業員は**組織内の彼らの状況の下で**彼らの労働に興味を見いだすのか、を問うことを通してこそ、次のことを発見するに至るであろう。つまり、日常業務は、位階を通しての統制に対して作業者の独立性を保護するものである限り、戦略上の重要性を持つこと、また、規則のまわりにゲームが展開されること、等々の発見である。

社会学者の目標と、彼の≪外在性(2)≫ゆえに彼の直面する諸制約は、彼を、情報入手の特権的手段として、面接という技術を使用するようにと、まったく当然にも導いていく。

実際、ある組織の実際の作動を理解するためには、組織図からうかがわれるような分業のしかたや位階上の権威の布置というような・その組織についての形式的資料を知るだけでは不十分である。また、企業におおいかぶさる・多元的な技術的、経済的、社会的諸制約を分析したとしても十分ではない。さらに、組織の作動を外部から観察することで、事足れりとすることもできない。

社会学者が以上のような形で集める資料はたしかに不可欠であり、彼はそれらをできるだけ注意深くかつすばやく調べるだろう。しかし、それらの資料だけでは、それらは、生気を失った・現実の影しか提供しないし、組織が構成している・人々の総体的連関の内部で展開される多元的な相互作用を規定し・規制する・深層のメカニズムについて、なにも教えない。このメカニズムを把握するためには、つまり組織の基底に存在し・組織を作り上げている人間関係総体の力学そのものを理解するためには、社会学者はさらに遠くに進まなければならない。行為者たち自身が組織内の活動のあらゆる局面で抱く認知や感情や態度を、社会学者は認識し分析することができなければならない。

それを達成することは、一時的に外部の観察者という立場から離れて、行為者たちの立場に身を置き、組織の内部での、そして組織に対しての、彼らの態度と行動を、《内側から》理解しようとすることによってのみ、可能となる。このために社会学者が保持する唯一の手段は、直接に行為者そのものに赴くこと、彼らに彼らの労働や状況や目的を質問することである。

たしかに、彼がこのようにして入手するであろうあらゆる証言は、必ず主観的なものである。大部分の場合、それらは《客観的》な現実を反映するのではなく、行為者が現実を認知するしかたと、自分の主観性をともないつつ現実を生きるしかたとを反映するものであろう。しかし、社会学者はそのような限界を受け入れるのみならず、それを研究するのである。なぜなら、さまざまな行為者のまさに主観性を通過することが、次のものを明るみに出し理解するにあたって、社会学者にとって可能な唯一のやりかただからである。それは、研究対象となっている組織の作動において、≪黙示的≫なすべてのもの、行為者たちの相互調整の領域に属するすべてのもの、要するに、形式的資料が語らないけれども組織生活のまさに横糸を構成するすべてのものである。

しかし、一つの主要な条件が満たされているのでなければ、面接調査をしてもこのような結果は達成されない。その条件とは集められた証言の多元性である。一方で、社会学者がそれぞれの証言に固有の主観性を、少なくとも部分的には、乗り越えることができるのは、そのような多元性に依拠してのみのことである。なぜなら、このような内面性に入り込んだ後で、行為者のそれぞれの≪立場に身を置いた≫後で、集められた情報を分析しうるためには、社会学者は彼の外在性をいわば取り戻さなければならないからである。しばしば矛盾するような多数の主観〔的見解〕が存在することは、そのような〔態度の〕回復にとって、貴重な助けとなる。他方で、組織の人々が織り成す総体的連関を再構成しうるためには、さまざまな成員たちの視点と経験とを、社会学者は万遍なく取り集めねばならない。彼らすべては、指導者から作業員に至るまで、それぞれのやりかたで、この総体的連関に手を加えているのである。

それゆえ、研究対象となった組織と接触し、それを客観的に規定しているあらゆる要素（形式的構造、あらゆる種類の《客観的》な諸制約等々）を調べた後で、社会学者は多様なカテゴリーの行為者と面接することによって情報を集めるために、つねにまた必然的に、多かれ少なかれ一定の時間を捧げなければならない。それぞれ固有の論理と目的を持つ二つの局面を区別しなければならないのは、ここにおいてである。

第一の、**探索的調査**の局面の中心目的は、社会学者に彼の研究対象を初めて構造化することを可能にするような情報と手段を提供することであり、彼が集めた観察と手がかりから適切な問題群を作り出すことである。最初の一連の面接の目的はここに存する。この面接は限定された一定数の人々を対象にして行われるが、この人々は、組織の中で出会う可能性のあるあらゆる状況を万遍なく表すように、注意深く選ばれるのである。

この面接は、社会学者が形式的資料を越えて進むことを可能にするはずである。またこの面接は、さまざまな参加者が、彼らの状況や保持する交渉手段や身に被る制約のもとで、どのようにして、**具体的にまた実際上**、彼らそれぞれの役割を演じるようになるのかを、社会学者が知ることを可能にするはずである。彼が正確に調査しようとするものは、彼にとってはほとんど未知の対象であるので、社会学者はきわめて開放的な態度を示さなければならない。彼は、彼が面接する人々に影響をおよぼさないように注意しなければならない。彼は被面接者の前でいわば自分を消すのであり、開放的かつ正確な質問を提出することのみを行う。その質問は、被面接者ができる限り自由にまた具体的に自分の仕事や役割や目的について、要するに組織の中で彼を特徴づけ彼の状況を規定しているようなあらゆる側面について、社会学者に話すことを可能にするようなものであるべきである。回答を判断することは彼の課題ではない。彼は被調査者が提出するすべての手がかり、すべての主張、すべての説明、すべての判断、すべての合理化を受け入れるべきである。彼らはつねに正しいのである。なぜなら、状況の中に生きているのは、彼らであって社会学者ではないからである。(3)

このように探索的調査は社会学者にとって、研究されている組織の実際の作動に結びついた・日常的で《主観的な》生活経験についての最大限の具体的な情報を、できるだけすばやく集める機会なのである。すなわち、

――さまざまな参加者たちの作業課題と職務について、および彼らがそれらを果たす際に出会う諸問題について。

――彼らが、自分の固有の役割と他者の役割を把握しそれを担うやりかたについて。

――彼ら相互の関係について、そして最後にもっとも頻繁に生じる諸紛争と、それらの紛争に通常もたらされる解決について。(4)

これらの面接の明示的、黙示的な内容を丹念に分析することによって、すべての面接を比較してみると、必ず、一定数の逆説や非一貫性や異常が現われ、社会学者を驚かせるであろう。なぜなら、それらは、組織についての形式的知識だけからの推論によって人々が期待するであろうも

のとは、一致しないからである。このようにして、たとえば、もし組織図の規定を信じるならば、定常的に結びついているはずの・行為者たちの二つの集団が、彼らの仕事について語る際に、彼らがその時に相互に維持している関係についてなんの言及もしないといった事態に、社会学者は気づくであろう。あるいは、行為者たちの作るある集団が、その《客観的》な状況の中には特権的集団になる要因はなにもなく、むしろその反対なのに、他のすべての者からの羨望や妬みの対象になっているということを、彼は認めるであろう。さらにまた、《公式には》相互にいかなる接触もない二つの集団が、面接をしてみると、大変はっきりした相互的な攻撃性を示すということに、彼は気づくであろう。

この段階において社会学者は、《解釈する》ための諸要素をまだ所有していない。つまり当初は意外に見えるこれらの結果を説明するための諸要素を持っていない。しかし、これらの諸結果が、研究対象についての第一回目の構造把握を行うことを可能にする。なぜなら、それらは彼に、組織の作動における問題を構成するような・決定的な重要性を持つ諸領域を示すからであり、そのような領域のまわりにさまざまな成員の態度が結晶化するからである。

それゆえ社会学者の課題となるのは、これら諸領域の性質を問うことと、どのようなやりかたによってこれら諸領域が行為者のゲームのしかたと組織総体の作動に影響を与えうるのかを、問うことであろう。それゆえ、社会学者は、彼が見いだした異常や非一貫性の意味を考察することから出発して、このような総体に意味と一貫性とを再び与えることができるような・つまり観察された態度と行動を《説明する》ことができるような・一定数の《仮説》を作ろうとするだろう。それゆえ仮説を形成することは、結局は〈以下のもののあいだに一つの関係の存在することを公準として提出する〉ことに帰着する。

1 ——組織に固有の**一連の諸制約**(技術体系、社会的機能、経済的状況、組織の公式構造)。これが**諸々の重要な「不確実性の領域」**を定義している。

2 ——これらの一連の諸制約(行為者の持つ交渉手段、彼らの企図、彼らが獲得するかもしれない利得と被るかもしれない損失)を前にしての、**さまざまな行為者の立場**。これが**行為者の持つ・戦略を展開する能力**、すなわち諸目的を追求し実現する彼らの可能性を、定義している。

3 ——探索的調査の時に集められた回答をもとに再構成されうるような**相互依存する諸行動の総体**。これら諸行動は相互に関係しつつ構造を形成するしかたを通して、**ゲームの規則**を表現している。

この図式を、多くの事例の中でも独占事業体の研究から得られた一つの具体例に適用してみよう。(5) 探索的調査の終わりの段階で、社会学者は、彼が入手している証言によって、製造労働者と保守労働者のあいだに認められる暗黙の対立の雰囲気を知る。これを説明するために、社会学者はまず、このような〔対立〕関係が形成される焦点となっている**重大な・不確実性の領域**をはっきりさせようと試みるであろう。それは機械の故障であった。次に彼は、故障に直面した時の行為者たちの**戦略を展開する能力**を正確にとらえようとするであろう。製造労働者の持つこの能力は弱いが、逆に保守労働者の持つこの能力は強い。社会学者は次に、二つの集団が**選択するであろう行動ついての仮説**、つまりこれらの集団の回答とそれらの資料総体とのあいだに関係をつけるような仮説を形成することができるであろう。

このような手続きに従うことによって、社会学者は一連の仮説を形成し、それから出発して、彼は研究対象となっている組織の中の勢力構造の形成のされかたを再発見することができる。またそれゆえに、現存するさまざまな集団の戦略を——公式の諸制約を越えて——条件づけている**ゲームの規則**を再発見することができる。

後半の統計調査の主要な目的は、まさに、組織の全成員を代表するような標本にもとづいて第一段階のあいだに作られた諸仮説の妥当性を検証することにある。それゆえ後半の作業の成否は、前半の作業によって得られた一群の仮説の適切性と豊かさによって深く条件づけられている。

この段階において問題となるのは、とりわけ、研究対象となっている組織の諸個人と集団成員の・態度と行動についての正確な情報を入手することである。この段階で入手される回答はもはや包括的である必要はない。逆にそれは、後に統計的な利用の対象となりうるように、比較可能で相対的に標準化されているべきである。したがって、この段階の本質は、完結した質問表——すなわち、各質問に対してあらかじめ複数の回答が用意されており、被調査者はそれらの中から

しか選べないような質問表——を作成し、そしてそれについての各個人の回答を集めることである。(6)

この質問表の作成においては、当然ながら、探索的調査の諸結果が大幅に利用される。一方でこれらの諸結果は、扱われるべき主要な問題と、取り上げるべきもっとも重要な諸変数を、指し示す。他方で、質問表を信頼性の高いものにするために、質問と回答の選択肢の定式化にあたって、被調査者が彼らの仕事と経験について語るために以前使用したのと同じ言葉を、使用する必要がある。(7)

機械によってさらには電算機によってこの質問表を集計すれば、〔計算結果をまとめた〕一連の表が、社会学者に提供される。この表は、探索的調査のあいだに適切であるように思われたさまざまな基準(8)に応じて諸個人を分類し、その分類に対応した回答分布を提示する。とりわけ、社会学者は、さまざまな回答のあいだに相関があるかどうかを知るために、彼の好きなように、それらの回答を《クロスさせる》ことができる。たとえば、諸個人が、彼らの状況に満足していると言明した場合に、彼らは同様に彼らの仕事についても満足しているという傾向があるのかどうか。あるいはさらに、自分の上司に満足している個人は、上司との関係に問題がある人々と比べた場合、自分の仕事についてもより満足しているのかどうか、等々。(9)これらの《クロス表》はもちろん、行き当たりばったりに作られるのではなく、仮説の中に設定された関係を表現するものである。その時、社会学者には、ただ次の課題が残されることになる。つまり、これらの関係が有意味なものなのか、それゆえこれらの仮説は根拠があったものなのか、それとも新しい仮説を作り、それを《検証》したほうがよいのか、を確かめることである。結果の解釈が位置するのはまさにここなのである。

3 解釈の方法

どのような時であれ——探索的調査に続く仮説形成の時であれ、最終的な結果の分析の時であれ——解釈が介入する場合には、社会学者は、似たような問題の前に立つことになる。彼が所持する資料は主観的な性質のものであり、彼に、さまざまな組織成員が組織総体に参加しながら被るさまざまな経験についての情報を、提供する。しかし彼はそのような記述で停止することはできない。彼の関心を呼ぶのは、彼が観察した態度と行動を、その社会システムに固有の諸制約——この諸制約のみがそれらの態度と行動を正当化する——を明るみに出しながら、どのように説明できるかということである。

それゆえ彼は、面接によって得られた資料を、現実についての証言としてではなく、**参加者が組織の中で彼らのゲームを行うしかたを示す・しるしや情報として**利用しようとする。彼は、組織内のさまざまな個人や集団が抱く意見や認知や不調和な感情を絶えず照らし合わすことによって、参加者が追求している諸戦略を引き出そうとするだろう(10)。

これらの戦略がいったん決定されたとしても、それを説明するという課題が残っている。これらの戦略は合理的であるという基本的仮説――それはその多産性によって十分に正当化されるのであるが――が作られているので、一見したところ非合理的な戦略を説明しうるのは、ただ、参加者の選択と行動の能力を制限することによって、いわば彼らの《合理性を制限する》ことができるような・二つの要素の干渉によってのみである。一方で、技術的、法律的、経済的、社会的諸制約が――それらは固有の意味での組織に属する事象であったり、環境一般に属する事象であったりするかもしれないが――存在する。他方で、組織の社会システムを特徴づける《ゲームの規則》が存在する。まず、発見された諸戦略をあらゆる《客観的な》制約に突き合わせることによって、客観的制約は諸戦略を部分的にしか説明できないことが認知される。実際、組織の社会システムに固有の諸制約を体現している・ゲームの規則を介入させないかぎり、合理的には説明できない戦略的行動の領域が残る。このような帰納的な思考法によってこそ、組織社会学者はこれらのゲームの規則を解明することができる。

きわめて部分的で限られた事例であるが、一つの事例がこの方法を例証してくれる。この事例は、ミシェル・クロジエが一九五四年から一九五八年にかけてパリの保険会社において行った調査から引用されている。

この会社の管理業務を担う社員は、三つの主要な集団から構成されている。

――文書係の構成する集団。これは作業担当の社員の位階の頂点に位置している。

――文書係のすぐ下の地位を形成している簿記係。

社員の職種	各職種内の百分比	
	自分の仕事がほとんどおもしろくないと感じる者	自分の待遇に満足していない者
文書係	27%	69%
簿記係	47%	43%
タイピスト等	73%	34%

——最後に、タイピスト、キー・パンチャー、書類整理係。

自分の仕事に関して抱く興味についての質問（「あなたがしていることは、仕事としておもしろいですか」）と、自分の待遇について感じている満足の程度についての質問（「あなたはあなたの待遇に満足していますか」）とが、この三集団に対してなされた。さて、三つの集団の答えを対照してみると、興味深い結果が得られる。

この表より、位階の上位と下位との間で、自分の状況に対して下す判断が対立していること、そしてこの〔二つの回答の〕関係は位階を上昇するにつれて方向を変えるということが明らかになる。

この結果は驚くべきものである。実際、常識的に考えれば、人は自分の待遇に満足している時に自分の仕事にも満足するといえるだろう。同様に、もし、位階の上位の人々は下位の人々よりも仕事のおもしろ味をより強く感じているということが、たやすく理解されるならば、待遇に対する満足が、事務所内の位階の上位においてよりも下位において目立っているということを、アプリオリに承認することは、より難しくなる。

我々が取り上げている事例において、回答の構造は、事実の《客観的》分析と矛盾しているように見えるだけに、ますます驚くべきものであった。たとえば、他の企業の同水準の従業員の給与と比べてみれば、タイピスト、書類整理係、キー・パンチャーの給与は相対的に低かった。逆に、彼らの仕事は変化に富み、彼らは仕事の遂行にあたっては一定の自律性を保持していた。ところが、彼らは、彼らの待遇についてではなく仕事に対して不平を言っていた。

文書係の寄せた回答も逆説的であった。彼らは給与体系の頂点に位置しているにもかかわらず、自分の待遇に不平をもらしていた。逆に、彼らの労働条件はしばしば並以下のものであり、彼らに要求されている仕事量はかなり多く、その結果彼らの仕事の負担は重かったにもかかわらず、彼らは自分の仕事については不満を述べていなかった。(11)

いかなる解釈も、これらの回答を字義通りに受け取っている限り、それを理解させることができなかった。これらの回答は現実についての証言ではなく、逆に、さまざまな職位の人々が現実に対して抱く・**戦略的見地からする認知**を反映しているということが認められた時、事情が変わった。回答は人々が演じているゲームのしるしであったのである。この時、回答はまったく一貫性のあるものとなった。

実際、これらの回答——そしてそれが表現している論理——を、三つの集団が直面していた諸制約に照らし合わせることによって、二種類のゲームを見つけだすことができた。どちらのゲームが支配的なものとなるかは、位階上の水準に左右されていた。

下層の水準においては、従業員たちはあまりにも脅かされていると感じていた。彼らは〔雇用の〕保障もなければ、自分の待遇について不平を言うために必要な交渉手段も持っていなかった。彼らにとって、今得ている雇用は一つの保護となっていた。それで彼らには十分であった。逆に、彼らはより容易に仕事について不満を述べた。そうしてもなんの危険もなかったからである。そうすることは、彼らに現在の自分の地位以上の能力があることを、暗黙のうちに明らかにすることさえ可能にした。

反対に、位階上の地位が上がるほど、自分の待遇に対して批判するという危険を冒すことができる。そのための交渉手段が手に入るのである。逆に、自分の仕事には威信があり、その仕事のもたらす利益を同僚たちも認めているので、自分の仕事について不満を言う可能性はまったく持たなくなる。自分の仕事が好きだと言うことは、〔下層の者とは〕反対に、より資格の高い従業員にとっては、自分がすぐれていることをきわだたせる手段なのである。

要するに、文書係は、彼の職務が重要で立派であるという名目のもとに会社が彼に与えている待遇に不満を述べていたのに対し、逆にタイピストは、会社に対する忠誠をよりどころとしてもっとおもしろい仕事を要求しようとしていた。(12)

この例は、部分的なものでしかないが、いかにして、研究者がさまざまな成員の態度と感情について、彼の入手している情報を利用しながら、組織に対して彼らが追求している戦略へと遡及することができるかを、完全に例証している。同様にして、いかにして研究者がそこから諸々の勢力関係の形成する構造――我々が見てきたように、これがあらゆる組織のまさに核心を構成している――を抽出することができるかを、より容易に看取できよう。

実際、組織の構成員であるさまざまな集団が、組織の形成している社会システムにおいて自分が担っている役割の中で、追求している戦略を研究することによって、各主体が他の主体との関係において保持している勢力の構成要素を、間接的に決定することが可能となる。そこでもまた、さまざまな行為主体の感情と、彼らが自分の行動に対して行う合理化は、どのようにしてこれらの関係が確立され、どのような問題のまわりにそれらが結晶化するのかについて、貴重な情報を提供する。

それゆえ戦略分析の方法は、ある組織の成員たちのあいだで・また彼らが展開するさまざまな戦略のあいだで演じられるゲームに遡及していくために、準指示的あるいは指示的面接によって集められた資料を使用することにある。そして今度は、これらのゲーム――および一般にそれを通して得られる問題解決策――を〔分析することを〕通して、さまざまな成員を相互に結びつけている諸勢力関係がどのように構造化されているか〔の把握〕へと向かうのである。そして大切なのはまさに、勢力関係の構造化のされかたを明るみに出すことであり、それによって研究対象となっている組織が構成する社会システムの総体がどのように規制されているかを理解し説明することである。

4　手段としての研究

我々がすでにほのめかしたことだが、研究結果を利害関係者に伝達することは、社会学者にとって、きわめて貴重な補助的な情報源たりうる。実際、そうすることは社会学者が自分の分析の妥当性を直接に検証することを可能にする。

しかし、**研究結果を伝達することの利益**はこれにとどまるものではない。とりわけ、結果の伝達は、研究対象となった人々がゲームに加わる気持ちを少しでも持っているとすれば、**社会学者が研究した人々自体における無視できない諸変化を導入する一つの機会**たりうる。実際、結果の伝達は、**それぞれの主体のゲームと戦略を明るみに出すことによって、意識化の過程を開始させることができる**。もしそれに引き続いて、研究対象となった人々に意識化の過程が広まっていくのであれば、意識化の過程の帰結として、演じられる**ゲームがきわめて深い形で変革されることもありうる**。

ミシェル・クロジエによって行われた・国営化されたある大銀行での実験は、この点についてきわめて教示に富む。少なくとも二時間半の三回の会合のあいだに、一〇人ずつ集まったすべての上級管理職に、調査結果が提示された。

最初の会合においては、提出された質問に対する従業員の回答の結果が、図表を使って彼らに提示された。第二回目の会合は、彼ら自身の回答と、彼らの同僚の回答の〔結果の報告の〕ために使われた。最後に第三回目は、自由な討論にあてられた。

二〇の集団において、このような会合が持たれたが、そこにおける心理学的展開は、同一であった。第一回目の会合においては、部下が上司に対して抱いている好意的でない判断を見せられて、関係者はきわめて苦い思いをした。まず苦悩が見られ、ついで説明と言い訳けが探し求められた。

それから他の結果が彼らに示されたが、それは、下級の管理職が選択肢を持っていないということを、だいたいにおいて明らかにしていた。下級の管理職の行動はいわば組織の官僚制的性格の表現でしかなかった。それゆえ仮に彼らに対する評価が悪かったとしても、それは彼らの欠点ゆえにではなかった。彼らがよいからあるいは悪いからという理由で、そうなるのではなかった。本当の理由は、彼らの組織が一定の形で作られていたこと、彼らがその組織の中できわめて拘束的なやりかたで定義された一定の地位を占め、一定の役割を担っていたことにある。

それゆえ調査結果と社会学者の解釈は、むしろ気持ちをくじくような影響を与えるかもしれないものであった。しかし、実際の効果はまったくちがっていた。逆に、第三回目の会合の中で、いつも同じようなしかたで、完全な逆転が生じた。関係者は、組織構造と組織の構成する社会システムが彼らに負わせるあらゆる制約にもかかわらず彼らに残されている・自由な選択範囲を強調し、また、もし機会が提供されれば、彼らがなしうるさまざまな行為の可能性を強調した。そうすることによって、彼らはいわば彼らの責任の回復を要求した。

このようにして、たんに研究結果を伝達するだけで、社会学者は、研究対象となった組織におけるゲームを変革するための好条件を作り出すことに貢献しうる。彼はそれ以上先に進むことはできない。その時には、それは、問題となった組織の——位階の上層の人々から下層の人々までの——固有の責任となる。

付録2　面接調査の手引きの例

組織の戦略分析の精神に一致した面接の手引きの一例が以下に提供されている。ただし、もう一度次のことを強調しておきたい。

1　質問するとき、聞き手の精神状態が質問そのものと少なくとも同程度に大切である。いつでも、話し手が自分の知覚を提示し説明してくれるように導かなくてはならない。そこから始まって、彼が状況をどう評価しているのか、そこでどんな問題にぶつかっているのか、誰とその問題を解決すべきなのか、そしてその人たちとはどんな関係を持っているのか等について話してもらう。尊敬や理解のこもった雰囲気ができない限り、話し手はこれらのことについて話すことを承知しないだろう。そして、聞き手にとっての――特に面接の初めの段階で――一番重要な課題は、開放的かつ興味を示し、しかも敬意を持った態度によって、このような雰囲気をまさに作ることにある。

2　以下の主題の列挙は、これらに〔質問を〕限定すべきだというものではないし、また主題の提示は包括的なものでもない。一方で、面接調査の進め方は各々の状況の特殊性に適応しなくてはならない。他方で、他の面接調査で得られた情報はいつでも使われうるようにしなければならない。このことに照らせば、どのような面接調査の手引きも、だいたいの目安を与えるものでしかありえず、絶えず状況に適合させられるべきものであるということになる。

I　仕事

1　あなたの仕事はどういったことから成り立っていますか。あなたの仕事の主要な諸側面を描写してもらえますか。

ここで大切なのは、公式的な描写を越えて話し手が果たす仕事の詳細なとりわけ具体的な描写——特に同じ職場にいる人と比べての仕事の特徴——を聞くことである。同時に、開放的で具体的なこの導入部分を利用して、話し手が不信感を持っている場合にはそれを解消するようにし、先に述べたような敬意と相互理解の雰囲気を、彼と一緒に作るようにしなければならない。

2　あなたの仕事の一番重要な（一番むずかしい、一番興味深い、等…）面はどこにあるでしょうか。

ここでの目的は、話し手がさまざまな観点から自分の活動を評価するように導くことにある。それによって他の情報を出現させ、話し手の主観的な観点を中心にすえるのである。

3 あなたがあなたの仕事においてぶつかる本質的な諸問題はなんですか。また、どういうふうにしてそれらの問題を解決することができますか。

ここでは、〔聞き手は〕話し手が自分の活動についての記述をいわば要約し、その鍵となる問題点を明らかにすることができるようにするのである。同時に、それらの質問によって、話し手はそれらの問題に関する他の行為者たちとの関係について語るように自然に導かれていく。面接の第二番目の部分の目標となるのはこれらの関係にほかならない。

II 人間関係

この第二番目の部分の目的は、話し手の仕事における人間関係に関して、正確なできる限り完全な描写を得ることにある。

4 あなたは誰と一緒に仕事をさせられていますか、また仕事の中で誰と継続的な関係を持っていますか。

この第一の質問のねらいとするものは、話し手が仕事において持つ諸関係の最初の見取り図を得ることである。状況がよりよくわかるようになるに応じて正確に問い直すことが必要になるだろう。しかしまた、話し手の同僚の中で誰が自発的に言及されたか、逆に誰が「忘れられてしまった」かに気づくのも興味深いことである。

5 あなたの仕事にとって、これらの関係のどれが一番重要な（むずかしい、対立をはらんだ、等）ものですか。

6 それらの同僚の中であなたは誰と仲よくしていますか（仲が悪いですか）。それはどうしてですか。

この二つの質問のねらいとするものは、話し手が自分の関心や好き嫌いにもとづいて人間関係をあらためて評価するように導くことである。最終的には、分析されている部局についてできる限り完全なソシオグラムを作ることができるはずである。

Ⅲ 『役割についての考え方』

この第三番目の部分では、話し手がまとめや結論の形で次のことを提示し解説できるようにすることが大切である。
——自分の仕事に関する彼の見解
——仕事において彼が目的としていること
——分析されている部局の持つ有用性と機能について彼の見かた
——そして場合によっては、変化の可能性に関する彼の考えかた

もちろんここで得られる答えは、他の質問全体を通してすでに得られた情報を部分的に再確認することになるだろう。しかし時間が許す限り、ある程度の繰り返しやある程度の冗長な情報を心配することはないだろう。なぜなら、ある問題に関するそれぞれの言及は、分析にとって有用な新しい諸側面や諸次元を明るみに出すからである。一方、ある問題が繰り返し言及されていることは、話し手の目から見て、その問題が本当に重要だということの指標である。このような言及は問題そのものについて新しい情報提供をしないにしても、そのような意味で補足的な情報をもたらすものである。

考えられうる質問のうちのいくつかを、例として以下に示しておこう。

7　あなたはあなたの仕事によってなにをしようとしているのですか。

8　どういうふうにすれば、あなたの仕事の有用性あるいは有効性を増加させることができますか。

9　あなたのご意見では、職場全体の仕事の状態を改善するためには、なにを変えればよいでしょうか。

付録3　仕事の行われている状況をどのように研究するか

組織についての戦略分析の助けを借りて、仕事の行われている一つの状況を研究するためには、次の方法に従いなさい。

1　その状況にかかわりを持ち、それに関与している人々の**意見**、**感情そして行動**を記述しなさい。

——まず、**どのような行為主体**が関与しているか、彼らについてあなたがなにを知っているかを自問しなさい。もちろんこの最初の一覧表はおおまかなものでしかないが、研究が進むにつれて、初めはあなたが考えていなかった他の主体が分析によって立ち現われるであろう。

——次に、それらの主体が相互に維持している**関係**について、あなたが知っていることを書き出しなさい。つまり、一方の主体が他方に対して表明している**意見と感情**、あなたが観察できた・あるいは彼らがあなたに対して述べた**実際の行動**、彼らが遂行している**課題の**さまざまな**局面**等々。この段階においては、あなたが分析している総体的連関を導いているとみなされている・形式的なあるいは公式の諸目的に気をとられてはいけないし、あれこれの行為主体が保持しているとあなたが考える諸目標や究極の目的に心を奪われてもいけない。さらに、あなたの行ったさまざまな観察と集めた諸資料の中になんらかの一貫性を導入しようとしてもいけない。そのような一貫性に対応しうるのは、あなたがあらかじめ抱いているものの見かたにしかすぎないだろう。まさに大切なのはそういうものの見かたに対して距離をとることなのである。あなたが集めることのできた徴候を記録すること、そしてそれらを**深く調べること**にあなたのすることを限定しなさい。一つの関係の中には、記述されることのできる多数の側面がある。雰囲気、強度、周期性、関係者がこの関係に対して下している評価、等々。これらの側面の数を増やすことによって、あなたは**あなたが最初に抱いた・総合化しすぎているかもしれない評価を明示しながら、それを確認しなければならない**。そのようにして、評価に根拠を持つ分析を、豊かにするのである。

――次に、分析にとってあなたが大切だと考える・主体間の**関連図**を描きうるようなしかたで、これらのさまざまな情報を体系化し、本質を取り出しなさい。この図を描くという意味は、それぞれの関係を、(『よい』関係については) プラスの記号で、(うまくいっていない関係については) マイナスの記号で、(『なにも起こっていない』関係については) 等号で、特徴づけることができるということである。

2　**これらの関係を理解**しようとするためには、どのような・**具体的で実際に体験されている問題**に諸関係が対応しているのか、すなわち、諸関係はどのような・システム上の文脈にかかわっているのかを、探求しなければならない。ここでの基本的仮説は次のようなものである。行為主体のあいだの関係は偶然にできあがったものではない。そしてこれらの関係の感情的質は、人々のあいだの親和力に由来するものではなく、彼らのあいだで行われる肯定的あるいは否定的な・交流の類型にもとづくのである。それゆえ、うまくいっているように見え・行為主体がそれについて肯定的に語る関係は、関与者それぞれにとっての肯定的な交流に由来するのである。そして否定的な関係は、交流が欠如しているかあるいは交流の実現がむずかしいことにもとづくのである。そしてこれらの交流自体は、現実に体験されている諸問題との関係においてのみ意味を持つ。これらの諸問題は、交流によって示されるが、それ自体はまた新たに、組織的な文脈でもシステム的な文脈でも行為主体についてあなたが知っているすべてのことを、彼らの感情、行動、問題についてのあなたの知識のすべてを深く調べることによって、明確にされなければならない。それゆえ、ここであなたが使用する方法は演繹的なものではありえない。それは必然的に帰納的であり、現実と往復を繰り返すものである。つまり、さまざまな事実についてよく考え抜かれた関係を設定することから出発して、諸事実に一つの意味を与えるような・システムの持つ諸性質（問題、不確実性、等）についての諸仮説を定式化することができる。そして今度は、諸仮説が、以前は忘れられたり無視されていたが総体に対する理解を修正するような事実を、新たに浮かび上がらせることができよう。そして以下同様の過程が続く。それゆえ、事実についてよく考え抜かれた関係を設定することから出発して、以下のことを自問してほしい。

——行為者たちが他者との関係において追求している戦略はどのようなものか。

——これらの戦略が結晶化する焦点となる土俵はどのようなものか。

——これらの戦略の下に横たわる・勢力のそして依存の構造はどのようなものか。


次のことを思い起こしてほしい。

——形式的な権威は勢力と同義ではない。

——ある行為者の顕在的な諸目的は彼の戦略と同義ではない。

——勢力と依存は同一の現実の異なる側面である。

——あなたにとっての唯一の現実は、あなたの記述によって構成される。しかし、その記述は不可侵のものではない。それは、感情と問題と戦略とのあいだの巡回が進行するにつれて、次第に豊富になっていく。

原注

第一章

（1）アンリ・ファヨール（一八四一—一九二五）はフランスの技術者。特に組織の公式構造の研究に従事した。フレデリック・ウィンスロウ・テイラー（一八五六—一九一五）はアメリカの技術者。彼が努力を集中したのは、本質的に、工場における労働の合理化の推進であった。

（2）より正確に言えば、機械の設置のしかたは、技術的な必要性をあまり考慮していなかったのである。そのころの工場の構造は、まだ職人仕事と職人組合が課す諸制約によって幅広く影響されていた。

（3）この逆機能的と言う言葉は社会学の専門用語の一つであるが、本稿においては何回も使われるであろう。その意味は単純である。ある行為の結果が、期待され、承認されている目的の反対のものとなり、その目的の達成をよりむずかしくする場合、その行為の結果は逆機能的と呼ばれる。たとえば、子供が喫煙しないように彼らを叱るのは普通のことである。しかし、厳しすぎた処罰が『逆機能的』な結果を生み出すことがある。それは、子供がなにも言わないようになり、禁止されたことを隠れてするようになることである。

（4）その調査の完全なまとめと分析は、Fritz J. ROETHLISBERGER, William DICKSON et al.: Management and the Worker, New-York, Wiley, 1964. の中に紹介されている。残念ながらこの著作はフランスではなかなか見つけにくい。

（5）組織図で定義されている公式構造に対して、組織の作動を同様に構造化している、あらゆる非公式な現象は**インフォーマルな構造**と呼ばれる。労働者集団の中の『インフォーマル・リーダー』はその一例である。インフォーマル・リーダーの権威は暗黙のうちに他の成員によって承認されており、彼らは自分のまわりに『インフォーマル・グループ』を構成する同僚たちに対して、無視できないような勢力を持っている。これらのことすべては組織図に示されていないが、組織の作動の上では、きわめて重要な制約を構成しうるのである。下級管理職たちはそれについて間違えはしない。彼らはインフォーマル・リーダーを調べる。なぜなら、これらのリーダーの同意が得られれば、一定の措置が従業員全体に受け入れられる可能性はずっと高くなるということが知られているからである。

（6）Michel CROZIER: Le Monde des Employés de Bureau〔『事務職員たちの世界』、日本語では未訳〕Paris, Editions du Seuil, 1965. を参照。

（7）クルト・レヴィンはアメリカに亡命したドイツの大心理学者。彼は人間関係学派に深い影響を与えた。

（8）それについては前記のミシェル・クロジエの著作を参照のこと。

（9）この視点から見ると、企業で働く心理学者や精神工学者の担う役割はここに存在する。一連の心理テストによって、彼らは諸個人の心理学的肖像画を作らねばならない。そしてそれを使えば、『対人関係能力』や一般的な『人間関係』に関して、それぞれの役割が必要とする性質に適合しているような人々のみを採用することが可能になる。

（10）組織内における意志決定のしかたが研究されたとき、人々は技術的な意味での『もっとも優れている』解決策を決して選択しないこと、人々の選択は最初に現われた『満足できる』解決策にとどまることが認められた。これについての説明は簡単である。すなわち——認知的、情緒的、組織的といった——さまざまな制約のゆえに、もっとも優れた解決策を見つけることは実際にはできないのである。この点は後に再検討されるであろう。

（11）社会システムについて論ずることが可能になるのは、次の三つの次元の特徴を本質的に持つような対象を目にした時からである。

1．社会システムを構成する諸主体（諸個人や諸集団）のあいだに〈最小限の相互依存関係〉があること。このことは一部分の変化が一連の諸変化を引き起こすことを意味する。

2．社会システムを構成する諸主体の関係を統括する**最小限の調整作用**が存在すること。すなわち彼らのあいだの関係が一定の規則性に従っていること。

3．社会システムを構成する諸主体たちが前述の調整作用に対して、**最小限の自覚**を持っていること。つまりその調整によって各主体の行動は影響されているということ。

どんな組織でもこれらの基準を完全に満たしていることは明白である。

第二章

（12） たとえば、技術的には完全だが、その市場が存在しないような製品を考え出し、生産し続けようとする生産担当技術者の例を考えられたい。

（13） 組織社会学研究所の中では、ルノー・センソリューが、労働の場における規範の学習過程についてより専門的に研究してきた。それについてはのちに触れたい。

（14） 上からの指令と指揮下の職員から寄せられる矛盾した要請のあいだで、引きさかれて悩む中間の立場の管理職の抱える諸困難については、多くの文献が論じている。

（14―2） この事例は会計事務所の例と同様に、ミシェル・クロジエの著作、『官僚制の現象』〔日本語では未訳〕(Michel CROZIER: Le Phénomène Bureaucratique. Paris, Editions du Seuil, 1964) から引用されている。

（15） しかし、製造労働者と保守労働者は、同一の組合に属し、後者が指導力を持っていることに注意しておこう。

（16） 操縦係りの批判は他の領域、たとえば環境条件や衛生等に関して、より厳しいであろう。

（17） この独占事業体の事業所において、故障の問題の重要性は、それが使用されている技術に特有なものではないだけに一層注目に値する。実際、外国の他の事業所での諸調査によると、外国の事業所での故障の頻度はより少ないし、より素早く修理されていた。分析されている事例において、この問題を中心として他のいろいろな事態が起こるのは、この主要な不確実性の源泉が、一つの集団の勢力の源泉だという事実に由来するのである。究極的には、これは技術的与件というよりも人間にかかわる条件である。

（18） このような規則性に対する唯一の例外が、原料を用意する工場の中に見いだされうる。そこでは機械の故障の果たす役割はより小さい。逆に、現場での経験の獲得が、存在する諸問題の解決にとって、重要な要素なのである。工場長たちが彼らの勢力の一部を取り戻すのは、そのおかげなのである。それゆえこれらの工場においては、勢力構造が異なるであろう。

(19) しかし、製造労働者たちは組合指導者を選挙しているという事実によって、勢力の一部分を取り戻しているのであり、それは保守労働者に対抗するさいには価値あるものとすることができる。この威嚇にたいして、たしかに保守労働者は、共通の組合を去って自分たちだけの組合を作るぞという・強く懸念されている脅しを、ときおり振り上げることによってやり返す。だが、この局面では保守労働者が弱みを持つという事実は残る。それゆえ彼らは、度をこすことはできないのである。

(20) 我々すべては、一定の社会的な『ゲームの規則』の拘束的な性格を知っている。親たちは子供たちに『それをしてはいけない』と言う。それによって、彼らがしているのは、同じ環境にいる人々のあいだの関係を特徴づけるような一定の基本的な諸規則を、子供たちに伝達することにほかならない。組織においてもこれと事情は異ならない。一定の目的を達成するためには、『してはいけない』ことがら——すなわちそれこそが組織におけるゲームの規則である——がある、ということを組織成員は直感的に知っている。

(21) 前述の注(11)で提示した社会システムの定義を参照。

(22) このことはまた、環境が組織の内部の作動にほとんど影響を与えないような組織、それゆえその内的社会システムの研究のみに専心するのが正当であるような組織を具体的事例とする限りにおいて、正当化された。

(23) この『社会的要求』は自然な、自明の与件ではない。それ自身が、多様な利害を持つ諸集団と諸社会階級のあいだの勢力関係を反映する・ある社会構造(社会の構造)の所産である。この明白な事実は思い出されるべきであった。なぜなら、たとえ組織の分析がこの社会全体を包括する水準ではなく、中間的な現実の水準に位置するものであるとしても、しかしより一般的なこのような社会的諸現象を考慮しなければならないからである。実際、それらのみが、ある組織が満たす社会的要求が変動し、しばしばあいまいで時には矛盾さえすることを、説明できるのである。

(24) たとえば学校における「父母の会」、企業における販売担当者たちの網の目等々。

(25) 組織分析にとって大変多産なこれらの諸概念は、ロベール・パージによって、パリのある私立学校における管理の危機についての通時的な研究から作り出されたものである。Robert PAGES, "L'élasticité d'une organisation

en crise de direction", Sociologie du Travail, n°4 (octobre-décembre)1965. を参照。

(26) 上述のすべての点について，ピエール・グレミオンの次の論文を参照すると有益であろう。Pierre GRÉMION : "Introduction à une étude du Système politico-administratif local" Sociologie du Travail, n°1(janvier-mars)1970, Paris, Editions du Seuil.

(27) より詳しくは，Jean-Pierre WORMS: Une préfecture comme organisation, CSO-Copédith, Paris, 1968 を参照されたい。

(28) 1. 他の行政組織の公務員

2. 区市町村の首長や行政事務官

3. (窓口にくる)『大衆』

4. 県会議員

5. 有力な政治家あるいは実業家

(29) このようなわけで，環境との関係によってもたらされた変動は，1，2，3の種類の公衆と接触している公務員においての方が，4，5の種類の公衆と接触している者においてよりも，なぜ著しいのかを，よりよく理解できよう。実際，後者の公務員はたやすく知事に近づくことができ，このような領域の駆け引きは彼らに対してはまったく成功しない。

(30) その特徴が正機能的であるというのは，次のような意味においてである。組織の諸特徴とその行為システムに課される諸制約を所与とすれば，その特徴は，組織が社会的機能を遂行しうるために成員に期待される役割を，組織成員が果すことを可能にする，ということである。

(31) この場合それが機能的であるのは，ただ一定の社会的目的との関係において，すなわち，本質的に社会統制や秩序の維持や社会の安定化の機能を担う・県の機関との関係においてのことである，ということを付け加えておこう。

(32) すなわち，それは相互に少ししか接触を持たない事務所群の中にある，区切られ，分割された小宇宙であり，要するに我々が分析してきた県庁組織と同じものなのである。

(33) 周知のように、地方生活において知事が持つ全能性が、これになにほどか関係している。もし県が第二級の行政単位であったなら、同様の現象はそれほどはっきりとは生じないであろう。

(34) 彼らがきちんと役割を果たすことを可能にするのは、まさにこの構造化なのである。

(35) 次の文献を参照。Danièle KERGOAT et Marie-Claire BUREAU : "Crise de mai 1968 et Evolution des Pratiques ouvrières" (Une monographie d'usine), rapport d'enquête ronéotypé, Paris, CSO, 1971. 同じく、Danièle KERGOAT : "Emergence et création d'un système d'action collective à travers une expérience d'autogestion en mai 1968", in Sociologie du Travail, n°3 (Juillet-septembre) 1970, Paris.

(36) これは、組織内の状況によってもたらされる連帯関係――すでに見たように、これは諸個人の行動にもっとも重要な影響をおよぼす――より強いとは言わないまでも、同様の程度のものである。さらに、当然のことだが、両者はかなりの程度合致する。

(37) 組織社会学研究所のルノー・センソリューは、これらさまざまな文化の型と組織の作動におけるそれらの重要性について、特に熱心に研究してきた。彼の関心はとりわけ、組織内部で繰り広げられる「文化学習」の諸過程に向けられている。すなわちそれは、諸個人が彼らの仕事の場自体における人間関係を対象として、新しい規範と新しい行動を『学習』していく諸過程である。特に次の論文を参照。Renaud SAINSAULIEU : "Pouvoir et Stratégie de Groupes Ouvriers dans l'Atelier", in Sociologie du Travail, n°2 (avril-juin (1965, Renaud SAINSAULIEU et Danièle KERGOAT : "Milieu de Travail et Modèle d'Action", in Analyse et Prévision, Futuribles, Tome IV, n° 6, 1968.

(38) このような点についてフランスに関しては、ミシェル・クロジエが、フランス式の組織化の様式（すなわち、権威を非人格的に行使する・大変強く集権化された権力と、組織成員が隔離された・平等主義的な諸集団へと階層分化しているという事態とが結びついている様式）と、フランス社会の『文化的特質』と彼が呼ぶもの（対面的関係にたいする恐れ、従属状況と権力関係によって引き起こされる緊張に対する保護の欲求、個人が干渉を受けずに自律性を持つことへの欲求）とのあいだの深い対応関係を確証した。フランス式の組織化の様式は、このような文化的特質が課す要請に対して対応するという、いわば『潜在的機能』を持つであろう。我々はこの点に立ち帰るであろう。

第三章

（39） とくにジョン・ウッドワードによって、イギリスにおいて行われた調査がそうである。Joan WOODWARD: Industrial Organization, Theory and Practice, Oxford University Press, 1965〔矢島鈞次、中村壽雄訳『新しい企業組織——原点回帰の経営学——』、日本能率協会、一九七〇年〕を参照。

（40） いろいろな著作の中でも、バーンズとストーカーの共著を紹介しておこう。T. BURNS and G.M. STALKER: The Management of Innovation, Tavistock Publication, London, 1959.

（41） 著者たちはとりわけそのことを意識していた。J・ウッドワードははじめから、自分は組織に対して一つの要因——すなわち技術——が引き起こした影響について研究したいのだということを明確にしており、この要因にすべてを説明する力を与えようなどとは決してしていない。

（42） フランスの企業や行政に電子計算機を導入したときぶつかった諸困難は、これについてのまったく驚くべき一例を提示している。この新技術が組織の社会体系の構造にまで深い影響をおよぼすということを認めるのでなければ、この困難は説明されない。抵抗と我々すべてが知っている閉塞を引き起こすのは、この激変——およびそれが引き起こすところの組織成員のあいだでの勢力の再分配——なのであって、みんなが受け入れる技術自体なのではない。この現象は組織社会学研究所の二人の研究者によって分析された。Catherine BALLÉ et Jean-Louis PEAUCELLE: Informatique et changement dans l'entreprise, Rapport pré-enquête, Paris, Copédith, 1970. を参照。

（43） この型はまた「官僚的」モデルと呼ぶこともできよう。

（44） 問題とされているのは、理念型、すなわち、現実の中にそのままでは存在しないような抽象的な構成物である。現実の組織はあるときは一方の極に、他のときには他方の極に接近する。だからといって、そのような差異の意味が少なくなることはない。

(45) たとえば「機械的モデル」とか「有機的モデル」とかのようなもの。

(46) 第二章の第四番目の節〔D節〕の末尾、〔原書〕六八ページ〔訳書一二一頁〕以下を参照。

(47) 少なくとも、提起されている変化がより少ない代価で同様の利点をもたらすものと確信しない限り、あるいは選好基準が変化したのではない限り。

(48) この組織は市場において独占的地位を保っている。

(49) より詳しくは、ミシェル・クロジエの著作、Michel CROZIER : Le phénomène Bureaucratique, Paris, Éditions du Seuil 1964. を参照のこと。

(50) 前述の第二章の〔原書〕四三―五〇頁〔訳書八四―九四頁〕を参照。

(51) 住宅設備省の改革についてのある研究は、階層分化が行政組織の作動に対してまたその変革能力に対して、どのような効果をおよぼすかをより深く分析した。特にこの研究は、このような階層分化の論理的帰結は、行政関係の諸団体(「土木技術者団体《コール・デゼンジエニエール・デ・ポン・エ・ショッセー》」、「公共事業技術者団体《コール・デゼンジエニエール・デ・トラヴォー・ププリック》」など)の形成であり、それらが組織内部の勢力の源泉の支配をめぐって闘うということを示した。Jean-Claude THOENIG et Erhard FRIEDBERG : La création des Directions Départmentales de l'Équipement, Paris, CSO-Copédith, 1970(とりわけその第Ⅲ部、第Ⅵ部)を参照。

(52) 保守労働者の例はこのようなものである。

(53) 我々はすでに、このことが部分的にしか真実ではないこと、諸規則のまわりに交渉と交換の網の目が再構成されることを見た(第二章C節を参照)。ここでは潜在的機能を際立たせることが問題であるので、分析をやや単純にした。

(54) 製造労働者が工場長に対して示したような・またその逆の関係においても示されたような相互的寛容を思い出してほしい。

(55) 個人ごとになされた質問に対して、ある同一の集団に属する成員たちが寄せた回答のいくつかのものは、驚くべき画一性を示しているということを、我々はすでに述べた(〔原書〕三六ページ〔訳書六六頁〕を参照)。これがどの程度一つの規範の表現なのであり、偶然の結果ではなかったのかということは、一つの実験が示してくれた。実際、その後で、これらの同じ質問が集団で討論されたときに、個人ごとに回答したときには出現した若干の少数派は、公然とした反対をすべて放棄した。

(56) 前述の〔原著〕三三ページ〔訳書六二頁〕以下を参照。

(57) 電算機によって提供される新しい可能性を適切に使用することは、我々がすでに強調したように、電算機が導入される社会システムの状態からもはや分離されえない。すでに引用した、C. BALLÉ と J. L. PEAUCELLE の研究を参照。

(58) 独占事業体の工場長の事例を思い出していただきたい。彼らの行動は『アパシー的参加』と名づけることができるような事態についての完全な例証を提供する。実際、彼らの中では、工場の中での現実の役割に関して、あきらめの態度を示している者ほど、自分の状況により満足していることを、我々は見た。このようなあきらめ、あるいは離脱はたやすく説明される。物事の成り行きに影響を与えるいかなる手段も持たず、はじめから敗者であるので、彼らにとっては、関与しないことがつまりかかわりを最小限にすることが、きわめて利益となるのである。たしかに、彼らは組織を出て行かない限りにおいて、『参加していた』。しかしそれは真の関与をともなわない、『アパシー的』な・あきらめた心境での参加であった。極端な場合には、ただそこにいるだけのことであった。

(59) J. C. THOENIG et E. FRIEDBERG : Politiques Urbaines et Stratégies Corporatives, in Sociologie du Travail ,n°4 (oct.- dec.) 1969. を参照。同様に次の文献も参照されたい。J. C. THOENIG et F. DANSEREAU : La Société Locale face à une Institution Nouvelle d'Aménagement du Territoire, Paris, CSO-Copedith, 1968. J. C. THOENIG et E. FRIEDBERG : La Création des Directions Départementales de l'Equipement, Paris, CSO-Copédith, 1970.

(60) 国立土木学校出身の技術者たちが、参加は「一般利益」を受け入れさせたり、よりよく定義するのに役立つと考えれば考えるほど、彼らは参加に好意的になる。反対に、彼らが、参加は特殊な諸利益を表出したり、それらのあいだでの選択をするにすぎないものだと見なせば見なすほど、彼らは参加に敵意を示す。

(61) 国立土木学校出身の技術者の七八パーセントはこの方向の回答をしている。

(62) たとえば、さまざまな『協議』の体験を持つ参加者に対して話しかける場合、実際、観察者を驚かすのは、誰も彼もが持っている・失望や幻滅である。協議の体験は、時間の無駄であり、『たくさん風は吹いてもほとんど進まず』とも言えるような事態として考えられている。

(63) P. GRÉMION et J.P. WORMS : "Les institutions régionales et la société locale", CSO-Copédith, Paris, 1968. を参照。

(64) 生み出されてくる力関係が、関与する諸集団の一つに有利になるという形で、偏ったものにならないように、これらの諸領域はとりわけ切り離されているべきである。

(65) フランスにおいても外国においても、多数の調査によって、この結びつきが明らかになっている。諸個人が組織の作動に関心を持てば持つほど、同時に彼らは批判的にもなるし、要求を提出するようにもなるのである。

(66) この点についても同様に、フランスあるいは外国で行われた多数の調査によって、組合への加入の程度と組織に向けられた関心とのあいだには、正の相関があることが示された。

(67) 上述の〔原著〕六四ページ〔訳書一一六頁〕を参照。

(68) 組織についての理論家と同様に実務家も盛んに、組織変革によって提起される諸問題と、変革ができるだけうまく進行しうるような諸条件を、詳しく研究してきた。彼らの思索は『組織開発』(〔英〕organizational development)についての学説の集大成を生んだ。ピエール・モランの著書の中にその優れた紹介が見られる。Pierre MORIN : Le développement des orgasnisations, Paris, Dunod (Coll. La vie de l'entreprise), 1971.

(69) 参加に関して我々がすでに言及したすべての問題が、ここに再び見いだされる。

(70) J.C. WILLIG, R. SAINSAULIEU et al. Les effets de l'Expérience de Formation menée par le Groupe de Saint-Symphorien à EdF-GdF. Rapport d'enquête, CSO-Copédith, Paris, 1967.

(71) その上、両者の境界は、一見して見えるほど明瞭ではない。あらゆる技術上の変革はどんなに限定されたものであれ、それが必要とする教育が生み出す効果だけによっても最小限の組織変革をつねに引き起こす。

(72) **組織分析は**、勢力をめぐるゲームを理解することによって、変化への抵抗を予測することを可能にするから、きわめて操作主義的なものとして目に映るかも知れない。なぜなら組織分析は、それを実施する人々（あるいはそれを要求する人々、すなわち一般的には指導者たち）に、他の諸主体の反応を予測し、それによってよりよく彼らの勢力を確立する手段を与えるからである。〈そのような危険は存在するが〉、そうは言っても、その重要性はきわめて誇張されている。いずれにせよ、それは不可避のものではない。組織についての調査の結果が、そのすべての利害関係者に広まることは、この危険に備えることを可能にするからである。さらに、このことは自明の条件になるべきであろう。悲しいことに、「調査」結果を広めると、特にフランスでは、きわめて強い、しばしば克服しがたいほどの抵抗に、まだ出会うのである。

付録1

（1）この点は、社会の中における社会学者の社会的地位という問題を含むであろうような・より深い議論をする価値があるであろう。しかし、このような態度を実行するさいの諸困難に目をつぶってはならないのであって、我々はそれを達成されるべき理想として提出しておこう。

（2）この立場を放棄すれば、分析にとってまったく欠くことのできない批判的《まなざし》を失わざるをえない。

（3）当然のことながら、これらの面接の成否は二つの条件に依存している。まず、社会学者は、被調査者の目に、研究されている組織の勢力構造に対して中立的で独立した質問者として、映るようにしなければならない。ここから、《外部の観察者》という彼の立場の重要性が出てくる。次に、彼の被調査者の発言の匿名性を絶対に守ることによって、被調査者が安心できるようにしなければならない。

（4）背後にしか現われないものや、さらにはさまざまな面接の際に沈黙のうちに消えてしまうものさえ、この点に関しては明示的に語られることと同様に重要である。なぜなら、他の者によって多くの論評が加えられるような問題や対立について、言及しないことも、おそらくまた、それらについて長時間話すのと同じくらいに、彼の意見を明るみに出し、知らしめる一つのやりかたなのである。

（5） 前述の〔原著〕四三ページ〔訳書八四頁〕を参照。

（6） 集団的圧力や位階にもとづく制裁への恐れによって、回答が歪められることがないように、それぞれの面接は個別に行われるべきであり——ここでもまた——回答者の匿名性は絶対に守られなければならない。

（7） 一つの決まった型の質問表を提出することが、なぜ不可能であるかということの理由が、ここにある。たしかに、ある組織内部の社会システムを研究することを狙った調査においては、組織の中での・また組織に対しての諸個人の状況を規定しうるようなさまざまな局面が、一般に考慮されるであろう。しかし、これこれの問題にあるいはこれこれの局面にどれだけの重要性が与えられるかは、探索的調査によって得られた資料に応じて、つねに変化するであろう。

（8） 性、年齢、組織の中での勤続年数、位階上の地位、学歴水準等。

（9） この領域においては、なされる推論はもちろん蓋然的なものである。

（10） これに関しては、一つの補助的な技術によって、発見されえたと信じられている戦略が、はたして妥当なものかどうかを検証することができよう。それは、当事者の反応についてあらかじめ正確な仮説を形成した上で、当事者自身に〔調査の〕結果をありのままの形で伝えることである。

（11） 彼にとってその仕事は、反復的で、相対的に定型化されたものでもある。それを正確に表現するならば、災害の保険金を清算することは、特に刺激的な仕事ではない、と言えよう。

（12） より詳しくは、ミシェル・クロジエの次の著作を参照すると有益であろう。M. CROZIER : Le Monde des Employés de Bureau, Le Seuil, 1965. この著作の議論を、我々はここに要約した。

訳者あとがき

本書は、Erhard FRIEDBERG, L'Analyse Sociologique des Organisations, dans la Série "Les dossiers pédagogiques du formateur", Paris, GREP, 1972 の全訳である。ただし、日本語版の出版にあたって、原著者によって「日本語版への序文」「付録2」「付録3」が付け加えられるとともに、いくつかの箇所で加筆と修正・削除が行われた。これについて詳しくは、「日本語版と原著との異同」に別記した。

本書の著者、エアハルト・フリードベルグは一九四二年オーストリア生まれのオーストリア国籍の社会学者である。だが、フリードベルグの現在までの学問的活動は、主要にはフランスを舞台にして営まれ、本書を含む主要な著作もフランス語で発表されている。彼はオーストリアで一九六〇年にバカロレアに合格し、同国で六〇—六一年に兵役に従事した後、一九六三年よりフランスに留学し、国立パリ政治学院（Institut d'Études Politiques de Paris）にて学んだ。六六年に同学院を修了後もフランスにとどまり研究者への道を歩み、一九六七年からミシェル・クロジエを中心とする組織社会学の研究グループに加わり、その中心メンバーの一人として、多数の調査に従事した。本書を一九七二年に執筆した後、一九七七年には、大著 L'Acteur et le Système (『行為者とシステム』)を恩師であるクロジエと共著で発表し、クロジエ学派の確立に大きく貢献した。一九七九年ベルリン自由大学にて博士号取得、一九七九年から一九八四年まで、ミシェル・クロジエの指導する「組織社会学研究所」(Centre de Sociologie des Organisations, CSO)の副所長を勤めた。現在は、「組織社会学研究所」所員として研究に従事するかたわら、パリ第九大学(ドーフィン校)および、国立パリ政治学院の大学院で教育に携わっている。一九八八年時点で、取り組んでいる研究主題は、組織変革、選択基準を欠如した資源配分、文化政策、大学の管理といった諸問題である。

訳者からの求めに応じて、彼自身が作成した主要業績リストは次のようになっている。

〈Thèse〉 [博士論文]

* 1979 Staat und Industrie in Frankreich, Thèse de doctorat soutenue à la Freie Universität de Berlin-Ouest et publiée dans les Cahiers de l'International Institute of Management du Centre des Sciences de Berlin-Ouest.

〈Articles de Revues〉 [雑誌論文]

* 1972, Avec D. DESJEUX "Fonctions de l'Etat et rôle des grands corps — le cas du Corps des Mines", in Annuaire International de la Fonction Publique.
* 1975 "Insaisissable planification", in Revue Française de Sociologie, Supplément.
* 1977 Zur Politologie von Organisationen, Cahiers de l'International Institute of Management du Centre

des Sciences de Berlin-Ouest, n° 79-10.
* 1984 Avec Philippe URFALINO "La gestion des politiques culturelles municipales: de l'inflation culturelle à l'évaluation politique", in Politiques et Management Public, Ⅱ/N° 1.
<Livres> [単行本]
* 1977, Avec Michel CROZIER, L'Acteur et le Système, Paris, Edition du Seuil.
* 1984, Avec Philippe URFALINO, Le Jeu du Catalogue— Les contraintes de l'action culturelle des villes, Paris. La Documentation Française.
<Contributions à des Livres> [単行本に所収の論文]
* 1974 "Administration et entreprises", in M. CROZIER, E. FRIEDBERG, C. GREMION et al.: Où va l'Administration française ?, Paris Edition d'Organisations.
* 1977 Avec Michel CROZIER "Organizations as Means and Contraints of Collective Action", In M. WARNER (ed.): Organizational Choice and Constraint, Publishers of Grower Press, Saxon House, London.

本書は、二〇世紀における組織社会学の世界的諸潮流の中で、またクロジエ学派の中でどのような位置を占めているだろうか。

本書は「日本語版への序文」において著者みずからが記しているように、ミシェル・クロジエを指導者とする「組織社会学研究所」の研究活動を基盤にし、またその一環として、執筆されたものである。このことから推察できるように、本書の立つのは、組織社会学における「戦略分析」(analyse stratégique) の立場である。これはその指導者の名前を取れば、クロジエ学派の立場と言えよう。

フランスの国立科学研究機構（Centre National de la Recherche Scientifique, C. N. R. S.）の固有の研究所（laboratoire）として、組織社会学研究所が設立されたのは一九七五年であるが、そこに結集する研究者たちの活動の開始は、それより二〇年以上も前に遡る。クロジエを中心とする研究グループは、すでに一九五四―五九年に「労働社会科学研究所」の中に設けられた「行政社会学研究所」において研究を行い、ついで一九六一―六六年にかけては「ヨーロッパ社会学研究所」において活動していた。そこでなされた調査研究をまとめたものが、ミシェル・クロジエの作品、Le phénomène bureaucratique, 1964（『官僚制の現象』日本語では未訳）であった。これは欧米においてきわめて高い評価を獲得し、クロジエ学派の出発点を確立したものとなった。一九六六年には、クロジエを中心とする組織社会学の研究集団が、C. N. R. S. の研究チームとして承認された。本書の著者フリードベルグも、一九六七年以来、この集団に加わった。

一九七五年に、組織社会学研究所が独立の研究所として設立されるにともない、クロジエを中心とする研究グループは一つの学派（クロジエ学派）ともいうべき陣容を整えるに至った。年とともに所員の部分的な異動、転出はあるものの、これまで組織社会学研究所（およびその前身の研究グループ）には、Michel CROZIER, Erhard FRIEDBERG の他に、R. SAINSAULIEU, J. C. THOENIG, Catherine BALLÉ, Pierre GRÉMION, Catherine GRÉMION, François DUPUY, Werner ACKERMANN, Francis PAVÉ, Philippe URFALIND らの有力な研究者、およびパリ政治学院博士課程の社会学専攻の大学院生が集い、精力的に研究を行ってきた。たとえば、一九八一年から八六年にかけての六年間には、著作一一点、論文九五点、研究報告書五四点、学会発表六六回、博士論文八点の業績をあげている (CSO : Rapport d'activité 1981-1986 による)。かくして、組織社会学研究所は、専任所員約一〇名、準所員 (chercheur associé) 約一〇名、博士課程大学院生一〇名弱を擁する程度の規模の研究所であるが、現代フランスにおけるもっとも有力な社会学研究グループの一つとして認められるに至っている。

クロジエ学派の理論的集大成は、組織社会学研究所の発足後に発表された、クロジエおよびフリードベルグ両名による大著 L'Acteur et le Système, 1977 (『行為者とシステム』日本語では未訳) である。この書は、パリ政治学院の社会学課程の大学院生たちの表現を使えば、この学派の「バイブル」とも言うべきものであり、組織現象をめぐる基礎理論の水準の考察から始まって、意志決定や変革過程をめぐる広範な問題を四〇〇ページにわたって、詳細に取り扱っている。

さて、ここに訳出した『組織の戦略分析』は、一九七二年に、研修・教育用の教材シリーズの一つとして発行された比較的短い著作であるが、前述の二つの大著『官僚制の現象』と『行為者とシステム』を結ぶ中間に位置するものであり、クロジエ学派の理論形成を促進し、学派としての自己確立に大きく貢献した著作である。つまり、これまで組織社会学研究所の研究者たちによって書かれた論文、著書は数百編におよぶが、その中で、理論的発展の基本線を形成しているのは、クロジエの『官僚制の現象』──→フリードベルグの『組織の戦略分析』(本書)──→クロジエとフリードベルグの共著『行為者とシステム』という、これら三著なのである。事実、『行為者とシステム』の構成や内容を検討すると、それが、本書で出された論点を基盤として、そのより詳細な展開という形で執筆されたことが見て取れる。言い換えると、フリードベルグが本書で展開した理論的考察の価値を認めて、クロジエは弱冠三五歳のフリードベルグを共著者として選び、みずからの理論の集大成を『行為者とシステム』において試みたともいえる。このような本書の価値は一九八五年にイタリア語版が出ていることにも伺われる。

では、クロジエ学派の理論的基礎視角である「戦略分析」は、どのような特色を持っているだろうか。

本書第一章においても述べられているように、二〇世紀の初頭以来、組織論の中で大きな影響を持った理論として、まず科学的管理法をあげることができる。この科学的管理法の限界を批判して次に一九三〇年代から登場したのが、人間関係論であった。戦略分析は、科学的管理法、人間関係論の双方を批判しながら、これら二つの先行アプローチとはちがった人間観、組織観を提出した。

第一に、戦略分析の根底にある人間観は、状況から課される諸制約（contraintes）を被り、しかも「自由な選択範囲」（marge de la liberté）をつねに保持している人間である。この人間観は、社会におけるシステムと行為者との関係いかんという古典的な問題に、一つの回答を与えようとするものである。これは、一方で、状況から独立した心理学的要因によって、あるいは個々の行為者自身の表向きの説明によって、行為の動機を理解しようとする見かたを相対化する。他方で、システムの論理が個人の行為を決定するという見かたをしりぞける。この点で戦略分析はパーソンズの機能主義に対して疑問を提出する。

第二に、諸個人は「自由な選択範囲」を利用しながら、自分固有の利害を追求するために、「合理的な戦略」(stratégie rationnelle) を採用しながら行為する。組織の中では、たえず複数の諸主体が自分の戦略に即して行為しているが、それらの行為は相互に絡み合って、「構造化された場」(champ structuré) の中でのゲーム (le jeu) として展開される。組織過程とはゲームの過程である。このような主体観は、科学的管理法においても人間関係論においても、まったく欠落していたものである。

第三に、組織の中で演じられるゲームにとって非常に重要なのが、勢力関係(relation de pouvoir) である。これに関して、戦略分析は独特の「勢力(権力)」(pouvoir) 観を提出する。著者によれば、勢力とは、「ある人物Aが、自分の要求することを人物Bにさせる能力のことである」(第二章、B 勢力関係、1 勢力、より)。このような実質的な能力としての勢力とは、位階体系上の形式的な権限と同義ではない。勢力の実質を把握するために重要なのが、「不確実性の領域」(zone d'incertitu de) と「自由な選択範囲」(marge de la liberté) である。主体Aにとっての「不確実性の領域」を、主体Bが自分の「自由な選択範囲」としている限りにおいて、主体Bは主体

Aに対して、勢力を持つことができる。本書第二章における「独占事業体」の事例が示すように、位階上は低位にある保守労働者が、上位にある工場長に対して実質的には勢力を持つ理由は、こうして説明されうる。各主体は、自分が「自由な選択範囲」において持つ「交渉手段」(atouts)を駆使しながら、他の主体にとっての「不確実性の領域」を操作しようとし、それを通して自分の意志を他の主体に受け入れさせようとする。

第四に、戦略分析は、マクロの社会現象に関しても、このようなミクロ的な行為の集積という観点からアプローチしようとする。たとえば、本書第三章においては、フランス式官僚制の示す硬直性と悪循環(cercles vicieux)、危機(la crise)を通してのその変革という事例が、鮮やかに分析されている。

さらに戦略分析を理解するためには、研究の結果として得られたこのような理論概念の把握にとどまらずに、戦略分析を支える研究スタイルあるいは方法にも注目する必要がある。

第一に、本書の論述のしかたからもわかることであるが、戦略分析は、膨大な実証研究を基盤にして生まれたものである。それは、企業、官庁、労働組合等の多数の組織の作動の実態とその中における人々の意識や行為を細部にわたって把握し、そこに見られる多様性を理解するための思考方法として生み出されてきた。したがって、戦略分析を基本とする組織社会学研究所の研究者は、実証的記述を理論概念の適用につねに先行させるという研究態度を、共有している。

このことから第二に、戦略分析は、未知の現実を理解し、そこに新しい意味を発見する方法という意義を持っている。現在のところ戦略分析は、命題体系という形をとった理論にまで洗練されたものではない。それが提示するのは、むしろ一つの思考法である。すなわち、それは、一群の基本的視点に立脚して、現実の多様性を個々の事例の具体性に即して、分析し解明する方法である。

戦略分析は、固定的な理論枠組みや要因群に立脚してなされるのではない。むしろ個々の事例に即して説明力を持つ要因と論理を、そのつど発見して行こうとする。一見すると「非合理的」な現象や行動、それゆえ表面的な解釈では説明困難な諸現象の背後に、どのような「合理的」根拠があるのかを、そのつど発見していくのである。

以上のような視点とスタイルを持つ「戦略分析」の立場は、学説史的には、方法論的個人主義の流れの中に位置づいていると言えよう。フリードベルグみずからがコメントしたところによれば、戦略分析は、マックス・ヴェーバーとG・ジンメルの理論、またゴッフマンらのシンボリック相互作用論、H・サイモンらの思考の影響を受け、それぞれの発想をある面において継承するものである。またA・W・グ（ゴ）ールドナーが『産業における官僚制』（原著一九五四年、岡本・塩原訳一九六三年）で示した、組織の実態分析の方法は、戦略分析を支える調査方法と非常に近い立場に立っているものである。

このような戦略分析の性格について、本書の翻訳という仕事が訳者二人にとってどういう意義を持っていたかという点から、補足しておこう。

本書の日本語への翻訳を最初に思い立ったのはレヴィ＝アルヴァレスであるが、それは来日の動機と深く結びついていた。レヴィ＝アルヴァレスは、パリ第七大学で、四年間、日本語を学び、そのあいだには短期間日本にも滞在したが、この過程で、日本文化とフランス文化のそれぞれにおいて、「主体」というものが、言語の上で占める位置や、社会的に占める位置についての問題意識を抱くようになった。それは次のような問いである。

日本社会を理解するためには、視角の逆転がなければならないのだろうか。ロラン・バルトが示唆しているように、我々西洋人が主体に対して付与している中心的な位置あるいは優越した位置を、忘れる必要があるのだろうか。日本の経済的成功をどのように解釈すべきであろうか。経済的成功の要因を、表現しがたい「日本人の性格」の中に探すべきなのだろうか。

つきつめればフランスにおけるのと同様な利害調整過程が存在しており、それが、複雑なゲームと交渉の仕組みによって隠されているのだろうか。日本で非常にしばしば流布している文化還元主義的理論がたんなる見かけだおしだと判明した以上、経済的成功のどのような部分を文化に帰するべきだろうか。

レヴィ＝アルヴァレスは、五年間日本に滞在した結果、次のように考えるようになった。日本の組織の示す主要な特質は、人種的、道徳的、宗教的、文化的要因の混合物の中には位置していない。日本で観察される労働上の人間関係を理解するためには、そこに作用している多様な論理を再構成することが必要である。そして日本人の同質性という公準、つまり一つの「日本人の性格」というものによって、日本社会の諸現象を説明しようとする考え方を、方法論的に前もって放棄しなければならない。

もちろんだからといって、ある民族の文化やある民衆の共通の歴史に帰属する事象を否定するようなことはすべきではない。だがここで、強調したいのは、本書が提示しているような戦略分析の思考法である。大切なことは、事前に作られた解釈基準を傍らに置いておくことであり、分析の最後に、所与の制約条件の体系の中に、現存する行為者の「制約された合理性」が、十分な解読の鍵を、説明用具を提供していないかを検討することである。

日本社会についての文化還元主義者が出現するのは、あらゆる現象を包括的に自分の図式で説明しようとし、しかも実際に労働がなされている場の具体的状況をよく知らないからであるように見える。これに反して、戦略分析は組織に特有の次元が存在することを主張し、それを理解するための索出的な方法を提供している。

まったく明らかなように、戦略分析を方法として選択すると、いくつかの制約を引き受けなければならないが、それは日本の社会科学がしばしば見失っているように見えるものである。本書が提示する分析方法は、情報を集め、資料を収集し、フィールドを知る仕事に本質的位置を与えている。組織現象の理解のための第一の条件は、文化還元主義的図式から生まれた解釈のベールによって前もって色づけすることなしに、実践を記述すること、集合的行為の態様を観察することである。そしてそれは、社会学が認識用具であるための、それゆえ解放の用具であるための基本条件である。

戦略分析はフランス社会で形成されたものだが、その方法の多産性は、日本のような文化的に異なった社会の内部にもおよぶものである。それゆえ、日本社会を研究するのに、日本人にとっても外国人にとっても有効な道具なのである。

もう一人の訳者の舩橋は、フランス政府給費留学生として一九八六年夏より二年間、組織社会学研究所に留学の機会を得、一九八六年秋には、パリ政治学院にてフリードベルグ氏の担当するゼミにも参加したが、戦略分析の持つこのようなスタイルに、新鮮な感銘を受けた。理論用語をいったん忘れ、つねに事実との接触、事実の記述に立ち帰り、その中から通念を打破する発見を獲得し、その上で理論的思考を展開するという思考法が、非常に教示に富むものであった。

同時に、舩橋は、戦略分析の日本への適用については、フランス滞在を通して、次のような問題が存在することを感じさせられた。戦略分析は、ヨーロッパおよびアメリカにおける多数の事例研究に立脚して作られてきたが、文化と人間関係の質がちがう日本社会においても、等しく適用できるだろうか。戦略分析が可能となる暗黙の前提は、一人一人の個人が自分の持つ目的追求の観点から合理的な戦略を志向していることである。個人が明確な自律性を持った主体として、状況の課す制約の中で、さらには制約に抗して、それぞれの戦略を追求するということが想定されている。ところが日本社会においては、欧米と同じ意味で、諸個人が自律性を持った主体として存在しているだろうか。人間関係の原型と個人の自律性ということに関して、日本と欧米社会とのあいだには質的な差異がないであろうか。日本人が自分を取り巻く社会関係に対して持つ自律性の程度は相対的に低い、あるいは日本人の行為は状況によって左右される程度がより高い、という仮説を提出することが可能であろう。この仮説の視点に立つならば、戦略分析を日本社会と欧米社会に対して同一の方法で適用することは、できなくなる。戦略分析そのものの一般的方向づけは日本社会に対しても有効だとしても、そのより具体的適用にあたっては、戦略分析の内部において種差的な概念分化が必要であるように思われる。

次に本書の日本への紹介の意義について記しておきたい。「戦略分析」を提唱するクロジエ学派は、世界的な組織社会学の潮流の中でも、フランス社会学界の中でも、大きな位置を占めてきた。またフランスのエリート養成教育においても重要な役割を果たしている、たとえば、代表的なグランド・ゼコールである、国立行政学院(ENA)や理工科学校《エコールポリテクニック》において、戦略分析を柱とする「組織社会学」の講座は、基本科目となっている。だがクロジエ学派が欧米社会で発揮してきた理論的影響力の大きさとアンバランスに、日本においてはその理論の理解がまだ一般化していないように思われる。その大きな原因は、クロジエ学派の理論形成を推進してきた主要な三著作の日本語訳がこれまで欠如してきたことにあろう。これまでクロジエ学派の主な作品で日本語訳が出ているのは、クロジエの著作『アメリカ病』(Michel CROZIER, Le Mal Américain, Paris, Fayard, 1980, 大空博訳、読売新聞社、一九八二年)と『閉ざされた社会——現代フランス病の考察』(Michel CROZIER, La Société Bloquée, Paris, Editions du Seuil, 1970, 影山喜一訳、日本経済新聞社、一九八一年)にとどまる。さらに他国の研究者との共著も含めれば、ミシェル・クロジエ、サミュエル・P・ハンチントン、綿貫譲治の共著『民主主義の統治能力』サイマル出版会、一九七五年(英語版は、Michel CROZIER, Samuel P. HUNTINGTON and Joji WATANUKI, The Crisis of Democracy; Report on the Governability of Democracies to the Trilateral Commission, New York University Press, 1975)が加わる。これらはいずれも、現代社会の具体的分析であるが、その分析を支えるクロジエ学派の理論そのものについての体系的説明ではない。そのため、日本においてクロジエ学派の理論の理解者は、一部の研究者のあいだにとどまってきたように思われる。

本書は研修・教育用の教材として書かれたこともあって、基本的論点がわかりやすく説明されており、クロジエ学派の理論を、研究者のみならずより広い範囲の読者に理解してもらう上で絶好の著作となっている。さらに『官僚制の現象』の主要な事例研究のエッセンスが紹介されている点も貴重である。訳者としては、このような性格を持つこの訳書が、日本におけるこれまでのフランス社会学理解の空白を埋める一歩となることを願っている。

訳業にあたっては、次のように作業を分担した。まず第一章と付録2の部分はレヴィ＝アルヴアレスが、その他の部分は舩橋が分担して、第一次訳稿を作り、それを相互交換してそれぞれが原文と照合して修正を行った。その上で、共同の検討作業を行い第二次訳稿を作成し、さらに全体について再度の共同検討を経て第三次訳稿を作り、最後に舩橋が日本語の表現の統一を行い最終稿を作成した。

本書の訳語と訳文について、二点ほどおことわりしておきたい。

第一に、訳語の問題であるが、本書の鍵概念の一つである pouvoir については、いろいろと考えた末に、「勢力」という訳語を基本的に使用し、文脈によってより適切な場合は「権力」という訳語も併用することにした。フランス語の pouvoir は、通常、日本語では「権力」と訳される。だが、この語はもともと日本語の「権力」よりも広い含意を持つ上、本書ではとりわけ、位階体系の上での下位者も上位者に対して、状況によっては pouvoir を持つということが説かれている。それゆえ、あえて、「権力」という訳語を避け、「勢力」という訳語を選んだ。また travail については、文脈に応じて「労働」あるいは「仕事」と訳した。

第二に、訳文を明瞭にするために、フランス語独特の関係代名詞による複雑な修飾関係を日本文においても明確に把握できるように、凡例に示したような形で、「・」を使用した。「・」の使用による訳文の文意の明確化の工夫は、たとえば、モンテーニュ『随想録』(全六冊、新潮社、昭和二九年—三〇年)を訳された関根秀雄氏の訳業にも見られるものであるが、本書においてこのような工夫が適切であったかどうかについては、訳文中のありうべき過誤とともに、読者からの御批評をいただければ幸いである。

訳者たちが本書の翻訳にとりかかったのは、一九八五年九月であり、完成にはほぼ四年を要した。この間、訳者二人がそれぞれ相手側の国に留学するという事態があったことが、訳業が長引いた一因である。だがこのことは、フランス語から日本語への翻訳を、それぞれを母国語とする二人の訳者の協働作業として進めるという方法をとったことと合わせて、翻訳の質の向上にプラスになった。


さまざまな制約条件を二人の訳者が抱えつつも、四年間にわたる共同作業をここに結実させることができたのは、大きな喜びである。この間、さまざまな人々から好意ある援助をいただいたことを思うと、この四年間の重みを感じざるにはいられない。

異なる社会に属する訳者二人が出会うことができたのは、早稲田大学教育学部の石堂常世先生の御紹介のおかげである。また訳者二人がそれぞれ相手側の国で留学し研究する際にも、いろいろと御教示をいただいてきた。先生の御厚情にあらためてお礼申し上げたい。フリードベルグ氏には、「日本語版への序文」の執筆とともに、本書の改善のための加筆と修正、疑問点への回答をしていただいた。また、ミシェル・クロジエ教授をはじめとして、パリの組織社会学研究所のメンバーからは、この訳業についての暖かい激励をいただいた。原著者および組織社会学研究所のメンバーの御厚意に深く感謝するものである。

最後に、本書の企画、刊行に積極的助言、協力をしていただいた新泉社の小汀良久氏と竹内将彦氏に、厚くお礼申し上げたい。

一九八九年六月一四日

船橋　晴俊

クロード・レヴィ＝アルヴァレス

grands corps: Le cas du Corps des Mines", in Annuaire International de la Fonction Publique, 1972.

E. FRIEDBERG: "Insaisissable Planification", in Revue Française de sociologie, supplément, 1975.

Pierre GRÉMION: "Introduction à une étude du système politico-administratif local", in Sociologie du Travail, n° 1 (janvier-mars) 1970.

Danièle KERGOAT: "Emergence et création d'un système d'action collective à travers une expérience d'autogestion en mai 1968", in Sociologie du Travail, n°3(juillet-septembre) 1970.

Nouvelles Conditions de Travail et les Expériences de restructuration du Travail, cf. notamment les n° spéciaux de Sociologie du Travail d'oct.-déc. 1974 et de janv.-mars 1976.

Robert PAGES: "L'élasticité d'une organisation en crise de direction", in Sociologie du Travail, n°4(octobre-décembre) 1965.

Jean-Louis PEAUCELLE: "Théorie des Jeux et Sociologie des Organisations. Application aux résultats du phénomène bureaucratique", in Sociologie du Travail, n°1(janvier-mars) 1969.

Renaud SAINSAULIEU et Werner ACKERMANN: "L'Etude sociologique du changement technique: pour une analyse stratégique", in Bulletin du C.E.R.P., n° 1, 1970.

R. SAINSAULIEU: "La Formation Permanente comme Intervention sur l'Entreprise et la Société", in Connexions, n° 17, 1976.

J. C. THOENIG: L'Ere des Technocrates (2e éd.), Paris, L'Harmattan, 1987.

J. D. THOMPSON (éd.): Approaches to Organizational Design, Pittsburg, University of Pittsburg press, 1966.

A. TOURAINE: La Conscience Ouvrière, Paris, Le Seuil, 1966.

E. L. TRIST et al.: Organizational Choice, London, Tavistock, 1963.

Joan WOODWARD: Industrial Organization, Theory and Practice, London, Oxford University Press, 1965.
〔ジョーン・ウッドワード（矢島鈞次，中村壽雄訳）『新しい企業組織』，日本能率協会，1970年〕

（2） より特殊な主題についての論文

Michel CROZIER, "L'Administration face aux problèmes du changement", in Sociologie du Travail (n° spécial) n°3 (juillet-septembre), 1966.
avec les contributions de:
Michel CROZIER: "Crise et Renouveau dans l'Administration française".
Pierre GRÉMION: "Résistance au changement dans l'Administration Territoriale. Le cas des Institutions Régionales".
Jacques LAUTMAN et Jean-Claude THOENIG: "Conflits internes et Unité d'Action. Le cas d'une Administration Centrale".
Jean-Claude THOENIG et Jean-Claude WILLIG: "L'analyse Organisationnelle. Démarche Scientifique et Phénomène Culturel".

M. CROZIER et E. FRIEDBERG: "Sociologie des Organisations et Fonctionnement des Entreprises", in Revue Française de sociologie, n° spécial, XX, 3 (juillet-septembre) 1979.

E. FRIEDBERG et D. DESJEUX: "Fonctions de l'Etat et rôle des

〔ダグラス・マグレガー（高橋達男訳）『企業の人間的側面』，産業能率短期大学出版部，1966年〕
J.G. MARCH et H.A. SIMON : Les Organisations, Problèmes Psycho-sociologique, Paris, Dunod, 1964.
〔J・G・マーチ，H・A・サイモン（土屋守章訳）『オーガニゼーションズ』，ダイヤモンド社，1977年〕
M. MAURICE, F.SELLIER et J.J. SYLVESTRE : Politique d'Education et Organisation Industrielle en France et en Allemagne, Paris, P. U. F., 1982.
H. MINTZBERG : Structure et Dynamique des Organisation, Ed. d'Organisation, 1982.
Pierre MORIN : Le Développement des Organisations, Paris, Dunod (Coll. La vie des entreprises), 1971.
Bernard MOTTEZ : La Sociologie Industrielle, Paris, Presses Universitaires de France (Que sais-je), 1971.
M. OLSON : La Logique de l'Action Collective, Paris, P. U. F., 1980 (Edition américaine de 1965).
〔マンサー・オルソン（依田博，森脇俊雅訳）『集合行為論―公共財と集団理論』ミネルヴァ書房，1983年〕
O. ORTSMAN : Changer le Travail, Paris, Dunod, 1978.
F. J. ROETHLISBERGER, W. J. DICKSON et al. : Management and the Worker, Cambridge, Mass., Havard University Press, 1939.
J. RONDIN : Le Sacre des Notables, Paris, Fayard, 1985.
R. SAINSAULIEU : Les Relations de Travail à l'Usine, Paris, Ed. d'Organisation, 1973.
R. SAINSAULIEU et le CESI : L'Effet Formation dans l'Entreprise, Paris, Dunod, 1981.
E. H. SCHEIN : Psychologie et Organisation, Paris, Hommes et Techniques, 1971.
D. SILVERMAN : La Théorie des Organisations, Paris, Dunod, 1970.

M. CROZIER et E. FRIEDBERG: L'Acteur et le Système, Paris, Le Seuil, 1977.
L. CROZIER: On ne change pas la Société par Décret, Paris, Grasset, 1979.
F. DUPUY et J.-C. THOENIG: L'Administration en Miettes, Paris, Fayard, 1985.
F. E. EMERY: Systems Thinking, Hammondsworth, Penguin, 1969.
F. E. EMERY et E. THORSRUD: Industrial Democracy,London, Tavistock, 1969.
Georges FRIEDMANN: Les Problèmes Humains du Machinisme Industriel, Paris, Gallimard, 1950.
G. FRIEDMANN: Le Travail en Miettes, Paris, Gallimard, 1956.
Erving GOFFMAN: Asyles, Paris, Editions de Minuit, 1968.
Alvin GOULDNER: Patterns of Industrial Bureaucracy, Glencoe, The Free Press, 1954.
〔A・ゴールドナー（岡本秀昭，塩原勉訳編）『産業における官僚制——組織過程と緊張の研究』，ダイヤモンド社，1963年〕
C. GREMION: Profession: Décideurs. Pouvoir des Haut-Fonctionnaires et Réforme de l'Etat, Paris, Gauthier-Villars, 1976.
P. GREMION: Le Pouvoir périphérique, Paris, Le Seuil, 1976.
P. GREMION et H. JAMOUS: L'Ordinateur au Pouvoir, Paris, Le Seuil, 1977.
D. KERGOAT: Bulle d'Or ou l'Histoire d'une Mobilisation Ouvrière, Paris, Le Seuil, 1973.
Paul R. LAWRENCE et Jay W. LORSCH :Organization and Environment, Cambridge, Harvard University Press, 1969.
〔ポール・R・ローレンス，ジェイ・W・ローシュ（吉田博訳）『組織の条件適応理論』，産業能率短期大学出版部，1977年〕
Douglas MAC GREGOR: La Dimension Humaine de l'Entreprise, Paris, Gauthier-Villars, 1969.

参考文献

（1） 一般的著作

Chris ARGYRIS: Participation et Organisation, Paris, Dunod, 1970.

C. ARGYRIS et D. A. SHON: Organizational Learning, a Theory of Action Perspectives, Addison-Welsey, 1978.

R. BECKHARD: Le Développement des Organisations, Stratégies et Modèles, Paris, Dalloz, 1975.

Warren G. BENNIS: Changing Organization, New York, Mc Graw Hill, 1966.
〔ウォレン・G・ベニス（幸田一男訳）『組織の変革』，産業能率短期大学出版部，1968年〕

W. G. BENNIS: Le Développement des Organisations, Paris, Dalloz, 1975.

Ph. BERNOUX: La Sociologie des Organisations, Paris, Le Seuil, 1985.

R. BOUDON: Effets Pervers et Ordre Social, Paris, P. U. F., 1977.

R. BOUDON et F. BOURRICAUD: Dictionnaire Critique de la Sociologie, Paris, P. U. F., 1982.

Tom BURNS and G.M. STALKER: The Management of Innovation, London, Tavistock Publications, 1959.

Michel CROZIER: Le Phénomène Bureaucratique, Paris, Editions du Seuil, 1964.

Michel CROZIER: Le Monde des Employés de Bureau, Paris, Editions du Seuil, 1965.

Michel CROZIER: La Société Bloquée, Paris, Editions du Seuil, 1970.
〔ミシェル・クロジエ（影山喜一訳）『閉ざされた社会——現代フランス病の考察』，日本経済新聞社，1981年〕

索　引

〔矢印（→）は，指示ページ以降を参照のこと〕

ア　行

悪循環　140
位階秩序　68, 83
意見　208
意志決定　147→
一家意識　95
一般利益　157
インフォーマル・グループ　33
インフォーマルな構造　47
エルスター　20

カ　行

階級　120
会計事務所　68
解釈　193
外部との仲介者　105
下位文化　121
科学的管理法　38→
駆け引き　95
価値　21
環境　79, 101→
　環境との接触　110
　環境との関係　111
　環境との関係の構造化　117
観察　25
観察者　23
感情　208
管理職　68→
　上級管理職　69
　下級管理職　69
感情的な要因　46
感情的な動機　47
監督　46
関与　163
官僚制　29
機会　20
機械の停止　91
危機　142→
規則　81, 112→
　規則違反　111
規則集　35
帰納的(方法)　181, 210
教育　27, 102, 171
儀礼主義　106
均衡状態　125
近代社会　26
クロジエ　8
　クロジエが行った調査　49→, 67→, 83→, 194→
　クロジエが行った実験　199→
ゲーム　30, 67, 198
ゲームの規則　31, 60, 98, 99, 190, 194
形式的資料　184
決定　148
　決定権の集権化　138
　合理的な決定　151
ケルゴーによって行われた調査　119
権威　93
県庁　107→

権力　10, 83
行為　57
行為者　55
公式構造　14
公準
　科学的管理法の公準　41, 43
　人間関係論の公準　52
　戦略分析の公準　55
交渉　14-16, 83, 174
交渉手段　113, 168
工場長　85
構造化されている場　64
行動　13, 21, 23, 30, 208
公務員　109→
合理的戦略　62
合理性
　行為の合理性　13
　制約された合理性　17, 55, 62
　条件適応的な合理性　18, 55
　表面に現われない合理性　183
個人的目的　57
コミュニケーション　34, 80

サ　行

サイモン　17
裁量　116
　知事の裁量の機能　116
作業課題　31, 39
参加　58, 152→, 168→
　参加の制度と手続き　165
　アパシー的参加　93
　同化による参加　155→
　批判的参加　160→
サン＝シモン　41
恣意　82, 114
　上司の恣意　80
士気(モラール)　45
指揮系統　34
思考法　23
仕事　193, 203, 208
資源　55
実験的方法　181
実験集団　42, 166
質問表　191
社会システム　94, 99
集権化　69
集団
　集団規範　66
　集団規範の学習　66
　集団のあいだの関係　87
事例　68, 84, 107
自由主義的　48
自由な選択範囲　16, 73, 95
　部下たちの自由な選択範囲　82
主体間の関連図　209
手段　31
順法スト　58
順法闘争　154
上司　81→
情報　69, 80, 149
生産性　44
生産制限　66
製造労働者　85
制約　20, 30, 55, 60, 96, 98, 99, 190
勢力　10, 13, 72, 83
　勢力関係　59, 75, 103, 179
　勢力関係が持つ固有の限界　96
　勢力構造　83
　勢力の源泉　72
　専門家の勢力　78

工場内部の勢力構造　91
非公式の勢力関係　139
ゼロ和ゲーム　174
善意　58, 72, 78
潜在的機能　145
センソリューが行った調査　174
選択　16
先任権　86
戦略　25, 55, 62→, 211
合理的な諸戦略　16
戦略的見地からする認知　196
戦略分析　16, 54→
ソシオグラム　205
組織　28→, 75
組織外の状況　120
組織が構成する社会システム　198
組織化の技術者　42
組織現象　31-32
組織構造　64
組織社会学者　182
組織図　35, 60
組織的要因　30
組織の影響範囲　106
組織の環境　102
組織の機械的モデル　131
組織の公式構造　124
組織の社会的機能　101
組織の弾力性　106
組織の萌芽形態　33
組織の有機的モデル　131
組織分析　35, 37, 123, 147, 171, 180, 181
組織変革　176
組織類型　128
巨大組織　29
第二の組織図　83
組織社会学研究所　8

タ　行

大衆政党　27
立場
観察者という立場　185
行為者たちの立場　185
探索的調査　187
知事　108→
調査　181→
各県の建設局の創設についての調査　156→
クロジエが行った調査　49→, 67→, 83→, 144
ケルゴーによって行われた調査　119
センソリューが行った調査　175
ワームの行った調査　107
定型的決定　70
抵抗　115, 172
変化への抵抗　172
テイラー　38
テイラリズム　38
適応　142
動機づけ　168
統計調査　191
統率　122
独占事業体の事例　84, 137
土俵　148, 211
取り引き　14, 148

ナ　行

内部規則集　60
人間関係　48, 204

人間関係論　42→, 49→, 52, 171
人間性　52
認知的不協和の理論　20

ハ　行

引きこもり　160
非人格的規則　137
不確実性の領域　74, 190
不確実性の源泉　77, 91, 95, 103, 139
ファヨル　38
フェスティンガー　20
フランス式官僚制　137, 144
部下　82→
部局　150
変革　142, 174
変革戦略　178
補佐官　116
方法論的合理主義　21
保守労働者　85→
ホモ・エコノミクス　42

マ　行

満足基準　19
名望家　116
面接調査　202
面接の手引き　202
目的　21
　目的の変質　64
　集合的目的　75

ヤ　行

唯一の最善のやりかた　41, 53, 164
予測可能性　96
予測不能　73

ラ　行

リーダーシップ　49
　権威主義的リーダーシップ　49
　民主主義的リーダーシップ　49
　放任型リーダーシップ　50
レヴィン　49
労働　38, 184
　労働の物的な諸条件　44
労働組合　169

ワ　行

ワームの行った調査　107

著者紹介

エアハルト・フリードベルグ

1942年生まれ
オーストリア国籍
1963年よりフランスに留学し，国立パリ政治学院に学ぶ
1967年から，ミシェル・クロジエを中心とする組織社会学の研究グループに加わり，その中心メンバーとして多数の調査・研究を行う。1979―84年，組織社会学研究所の副所長を勤める。
代表的著作として，クロジエとの共著 L'Acteur et le Système（『行為者とシステム』）がある。

訳者紹介

船橋晴俊（ふなばし・はるとし）

1948年生まれ
法政大学大学院政策科学研究科教授
1986―88年，フランス国立組織社会学研究所にて研究
専　攻　社会学理論，環境社会学，組織社会学，社会計画論
単　著　『組織の存立構造論と両義性論―社会学理論の重層的探究』東信堂，2010年
共編著　『講座社会学12　環境』東京大学出版会，1998年ほか

Claude Lévi Alvarès（クロード・レヴィ＝アルヴァレス）

1952年生まれ
パリ第七大学修士号（日本語，日本文化），パリ政治学院修士号（DEA），広島大学国際協力研究科（学術博士）
広島大学大学院総合科学研究科教授
専　攻　組織社会学，教育社会学
論　文　「フランス人の気質と教育への変奏曲」（フランス教育学会編）『フランス教育の伝統と革新』2009年
Les collés de l'école ou l'impossible sortie，フランス教育学会紀要，21号，2009年
共著：Enseignants et écoles au Japon, Maisonneuve & Larose, 2007

新装　組織の戦略分析——不確実性とゲームの社会学

1989年11月20日　第1版第1刷発行
2010年6月20日　新装第1刷発行

著者＝エアハルト・フリードベルグ

訳者＝舩橋晴俊，クロード・レヴィ＝アルヴァレス

発行所＝株式会社　新泉社
東京都文京区本郷2-5-12
振替・00170-4-160936番　電話 03（3815）1662　FAX 03（3815）1422
印刷・萩原印刷　製本・榎本製本

ISBN978-4-7877-1011-6　C1036